U0620811

经管文库·经济类
前沿·学术·经典

外资进入、国内市场导向
与中国本土企业绩效

FOREIGN DIRECT INVESTMENT, DOMESTIC
MARKET ORIENTATION AND
PERFORMANCE OF CHINESE LOCAL FIRMS

康茂楠 王 怡 著

经济管理出版社
ECONOMY & MANAGEMENT PUBLISHING HOUSE

图书在版编目（CIP）数据

外资进入、国内市场导向与中国本土企业绩效 ／ 康茂楠，王怡著． -- 北京 ：经济管理出版社， 2025．
ISBN 978-7-5243-0210-0

Ⅰ．F279.23

中国国家版本馆 CIP 数据核字第 2025VW2948 号

组稿编辑：王　洋
责任编辑：王　洋
责任印制：张莉琼
责任校对：蔡晓臻

出版发行：经济管理出版社
　　　　　（北京市海淀区北蜂窝 8 号中雅大厦 A 座 11 层　100038）
网　　址：www. E-mp. com. cn
电　　话：（010）51915602
印　　刷：北京晨旭印刷厂
经　　销：新华书店
开　　本：720mm×1000mm/16
印　　张：13
字　　数：192 千字
版　　次：2025 年 6 月第 1 版　　2025 年 6 月第 1 次印刷
书　　号：ISBN 978-7-5243-0210-0
定　　价：88.00 元

前　言

改革开放以来，持续优化的投资环境和不断优惠的引资政策，促使中国外商直接投资的规模逐年攀升，数据显示，2023年，中国实际利用外资金额高达1.13万亿美元，规模居全球第2位。伴随着外商直接投资流量的增加和存量的积累，外资进入中国市场的深度和广度也在不断拓展，深刻影响着中国的产业组织结构与市场竞争格局。那么，外资进入带来的市场效应对中国本土制造企业绩效究竟产生了何种影响，背后的微观作用机理又是什么？对上述问题的解答，有助于科学地认识与评估外资进入对中国经济高质量发展的影响，并对调整和改进外资引进政策以及更好地发挥外商直接投资的经济增长效应，具有重要的理论价值和现实意义。

本书将外商直接投资理论与中国实际相结合，运用翔实的工业企业数据，首次基于中观和微观两个层次，从企业间资源配置效率与企业内绩效两个方面，具体到企业盈利水平与创新能力两种绩效，以《外商投资产业指导目录》作为国内市场精准导向政策，全面系统地评估了外资进入对中国本土企业绩效的影响效果，并深入探讨了外资进入影响中国制造业企业绩效的作用机制与渠道。通过理论与实证分析，本书得到以下研究结论：

（1）就企业间资源配置效率而言，外资进入带来的市场竞争显著扩大了中国制造行业内的生产率分布，恶化了企业间资源配置效率。众多低效率国有企业对市场竞争机制的扭曲是造成这一现象的主要原因。低效率的国有企业不仅自身存在较为严重的效率损失，而且凭借着所有制优势，在要素资源配置与市场结构方面同其他所有制企业存在明显的非对称竞争，扭曲了外资进入带来的竞争机制，加剧了企业间资源错配程度。

（2）就企业盈利能力而言，外资进入非但没有降低我国内资企业利润率，反而通过扩大企业的市场规模、降低企业内部管理费用、促进劳动和资本生产率以及市场定价势力提升对内资企业利润率产生了显著的正向影响。进一步拓展分析表明，外资进入对内资企业利润率的积极作用主要体现于民营企业和集体企业、内销企业和一般贸易企业、中等技术行业的企业以及位于西部地区的企业。

（3）就企业研发创新而言，外资进入带来的市场竞争显著提升了我国制造业企业的研发创新能力，并且这种积极影响取决于企业与世界前沿技术水平的差距，对于与前沿技术水平差距较小的企业，外资进入表现出积极的正向作用，对于差距较大的企业则表现出显著的负面影响。整体而言，外资进入激励了我国企业从事研发创新活动，但这一积极效应更多地被接近行业技术前沿水平的企业所获取。

目　录

第一章

引言

外商直接投资是服务构建新发展格局和中国式现代化建设的重要力量。改革开放后，中国在积极引进与切实利用外商直接投资上取得了巨大成功，外商直接投资在各行业的深入与渗透，对中国经济社会发展的影响力度与日俱增。因此，在中国当前积极利用外资促发展、调结构的关键时期，对外资进入的市场效应进行客观系统的考察与评估就显得尤为重要。鉴于此，在引言中，首先就本书的整体情况予以详细说明，以期对本书的出发点与研究意义进行系统概述。其中，第一节介绍了本书的研究背景、目的与意义；第二节对本书研究思路、篇章结构与研究方法进行了系统说明；第三节阐述了研究可能的创新之处。

第一节　研究背景、目的与意义

　　本书利用中国引进外资的精准导向政策作为切入点，对外资进入的市场效应与我国制造业企业绩效间的关系进行了全面、系统的评估，以期为转型时期提高我国外资引进效率及优化外资政策提供些许有益借鉴。研究立足于中国式现代化建设与高质量发展的现实经济形势，在客观评估外资进入市场效应的同时，拓展了外商直接投资对东道国福利水平影响的研究，深化了外商直接投资对企业经营绩效影响的研究，对利用外资政策有效促进我国经济增长，实现转型发展和协调发展，具有重要的参考意义与价值。

一、研究背景

　　自 20 世纪 90 年代以来，外商直接投资（Foreign Direct Investment，

FDI）日渐成为国际经济交易中的主导力量，在促进全球经济增长中发挥着重要作用。作为全球外资主要流入国，外商直接投资在我国的发展呈现出一些新的特征，其对我国经济增长的作用和背后的微观作用机理也有待我们继续发掘。基于此，本小节将从现实和理论背景两个方面，就本书的选题背景予以阐述。

（一）现实背景

跨国公司及其直接投资作为全球化经济活动的主体，正以迅猛的速度改变着世界经济格局与各国经济发展状况。根据中国商务部发布的《中国外商投资报告 2024》数据，尽管近年来，受全球经济复苏缓慢、地缘政治紧张局势及"逆全球化"浪潮汹涌等因素的影响，跨国直接投资额有所下降，2023 年，全年实际使用外资金额 1632.5 亿美元（折合人民币 1.13 万亿元），同比下降 13.7%，但引资规模仍处于历史高位，保持了较强的韧性。作为世界上最大的发展中国家，中国在吸引外资流入上成效显著。不可否认，外商直接投资在加快我国资本形成、增加就业机会、推动城镇化进程、创造外汇收入和促进产业结构升级等各个方面均起到了其他经济成分难以实现的积极作用，事实上，外资企业已然同我国其他所有制企业一样，成为我国经济体系中不可或缺的一部分。那么，随着我国嵌入国际价值链分工体系的程度愈加深入之后，我们如何准确认识和把握以及处理外资与中国经济发展的关系，是非常具有现实意义的一个课题。本部分我们紧扣本书的主题，从外资进入与企业绩效两个方面对本书的现实背景加以描述。

1. 我国外商直接投资的主要特征

考察外资进入的市场效应，是综合评估外商直接投资影响中国经济发展的重要节点，尤其是近年来外资的大规模进入，给中国市场造成的宏观与产业层面的冲击更是不可小觑。实际上，外商直接投资的大量涌入，有力地缓解了转轨时期我国经济发展面临的资本积累不足问题，外资在各行业的深入与渗透，还在一定程度上对我国劳动力素质、经营者管理经验与水平以及企业创新能力起到了积极的提升作用，并且，外商投资企业对外贸易的开展，不仅从总量上扩大了我国的进出口贸易额，同时也改善和优化了我国对外贸易结构。鉴于此，在我国经济转型发展的新时期、新阶段，积极主动地寻找外资影响中国经济增长及其微观作用机理的经验证据，才能更好地推进外资准入管制政策调整与优化，发挥外资调结构、促增长的功能。

随着改革开放进程的深入和 2001 年底加入世界贸易组织（WTO），外资进入中国的广度与深度不断扩展和深化。图 1.1 细致地刻画了 1998～2022 年中国各年度 FDI 流入量和各年度设立的外商投资企业数。从图中可以直观地看到：尽管我国实际利用外资额具有小幅波动性，但整体上仍表现为持续的增长趋势，相较于 2021 年，2022 年实际利用外资金额仍高达 1891.3 亿美元；从设立的外商投资企业数来看，也同样呈现出小幅波动中增长的态势，到 2022 年全国设立外商直接投资企业约 67 万家，新设外商投资企业 38497 家。可见，我国利用外资规模持续扩大，引资成效显著。

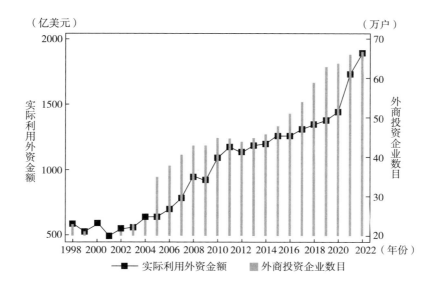

图 1.1　1998~2022 年中国 FDI 流入量和外资企业数

资料来源：国家统计局，http://www.stats.gov.cn，经笔者整理。

接着，从外资来源角度描绘了实际利用 FDI 金额及其占比情况。图 1.2（a）中，刻画了我国实际利用发达国家或地区 FDI 金额和占当年总利用外资额中的比重。可以看到，利用发达经济体的外资额在波动中增长，波动幅度较大，但 2020~2022 年有大幅提升。图 1.2（b）中，刻画了我国实际利

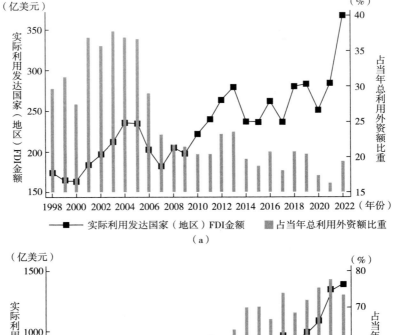

图 1.2　中国实际利用发达国家与中国港澳台地区 FDI 金额与占比情况

资料来源：国家统计局，http://www.stats.gov.cn，经笔者整理。

用港澳台地区直接投资情况。整体上看，我国实际利用港澳台直接投资呈现显著的增长态势，占比也屡创新高。比较我国利用外资来源，不难看出，无论是实际利用总金额还是占比情况，港澳台直接投资均高于发达国家直接投资，尤其自 2009 年以来，港澳台直接投资占比均在 50% 以上，在 2021 年达到近 80%。可见，港澳台直接投资是我国实际利用外资的主要来源。

经过改革开放后 40 多年的发展，我国对外贸易的开展取得了瞩目成就，已经成为我国经济中增长最快、最为活跃的部分之一。图 1.3 刻画了 2005~2022 年外商投资企业进出口贸易发展及其在我国当年进出口贸易中所占比重情况。可以看到，外资企业贸易额在 2014 年之后有所下降，2016 年为 168.8 亿美元，在 2021 年创下一个高点。从占比来看，2015 年后，外商投资企业进出口贸易在整体上占比持续下降，这也从侧面反映出我国本土企业在进出口贸易体量上的扩大态势。

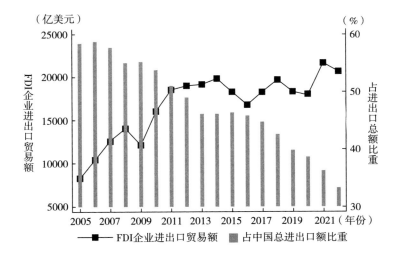

图 1.3　2005~2022 年 FDI 企业进出口贸易额与占比情况

资料来源：国家统计局，http://www.stats.gov.cn，经笔者整理。

进一步地，区分进口和出口贸易，对外商投资企业对外贸易进行描述，详见图 1.4。可以看到，自 2014 年以来，外商投资企业在进口与出口贸易额上表现出较大幅度的波动与增长,并且 2009 年之后,FDI 企业出口额占我国总出口额的比重持续下降,进口贸易比重也趋于下降,中国本土企业进出口贸易体量的扩大是其主要原因。

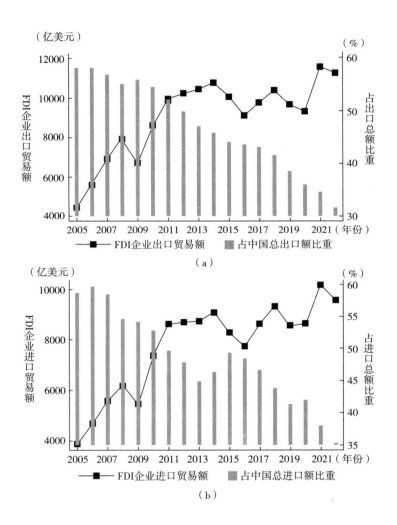

图 1.4　2005~2022 年 FDI 企业出口和进口贸易额及其占比情况

资料来源:国家统计局,http://www.stats.gov.cn,经笔者整理。

可见，随着我国外资流量的增加和存量的积累，外商直接投资对我国相关市场的影响逐渐发生变化，对微观经济主体的作用日益深入，尤其是在我国当前潜在生产效率持续走低、结构性改革深入推进的背景下，如何对来华外资进行精准导向，更具针对性地调整与改进外资准入管制政策，进而更加合理高效地利用外资，实际上已成为助推我国新一轮经济增长的重要手段。

2. 制造业企业绩效的主要特征

考察外资进入的市场效应对中国制造业企业绩效的微观影响与作用机理，离不开企业绩效方面的探讨。鉴于此，我们从中国制造业企业间资源配置效率和企业内经营绩效两个方面对本书的现实背景进行概述。

第一，从企业间资源配置效率来讲，在经济增长的研究中，全要素生产率的差异被认为是国家间人均收入产生巨大悬殊的重要原因。全要素生产率较低的国家，其人均产出与人均收入也相对较低。然而，近期关于资源配置效率的研究为国家间收入差距的产生提出了一种新的解释，认为资源配置不当也是造成一国整体效率水平低下的重要因素（聂辉华和贾瑞雪，2011），其降低了制造业企业绩效，并阻碍了我国经济增长。Hsieh 和 Klenow（2009）将美国看作资源配置效率最高的国家，细致地对比了中国、印度与美国行业内资源配置效率，研究指出中国制造业内存在较为严重的资源错配现象，假使企业间的资源配置能够像美国一样将资源配置给高生产率企业，中国整体的生产效率将会提高 30%～50%。那么，我国制造业内的资源配置效率究竟如何？表现出怎样的特征？我们利用 1998～2007 年的中国工业企业微观数据，借鉴 Hsieh 和 Klenow（2009）、聂辉华和贾瑞雪（2011）、孙浦阳等（2013）以及蒋为（2016），采用生产率离散程度指标，即行业内生产率分布的标准差、95－05 分位数差、90－10 分位数差和 75－25 分位数差，作为资源错配程度的代理变量，对中国制造业内资源配置效率进行统计描述。①

---

① 行业生产率分布的详细度量与描述详见第四章。

从图 1.5（a）的趋势图中可以看出，1999~2007 年，无论是生产率分布的标准差还是各分位数差，均表现出明显的下降趋势，也就是说，在此期间，中国制造业行业生产率离散程度呈现出明显的下降趋势，资源错配现象逐年缓解。

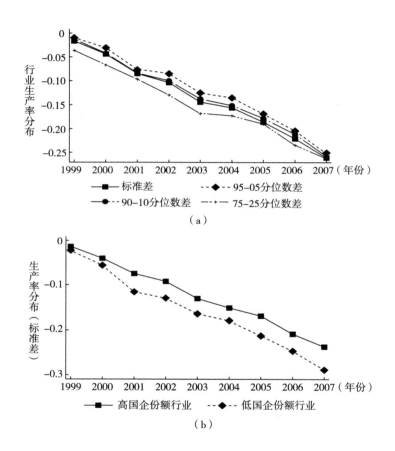

图 1.5 1999~2007 年中国制造业行业生产率分布情况

资料来源：1999~2007 年中国工业企业数据库，指标为笔者测算所得。

正如刘瑞明和石磊（2010，2011）的研究，中国国有企业存在双重效率损失。低效率的国有企业凭借政府庇佑与行政保护，占据了大量的生产要素，拥有较强的市场垄断势力，从而造成其与非国有企业在要素资源配置、市场竞争等方面的非对称性，扭曲了资源配置效率。刘小鲁（2005）以及王永进和刘灿雷（2016）均佐证了这一结论。此外，Brandt 等（2012）采用1998～2006 年中国制造业企业微观数据，在测算企业全要素生产率的基础上，对生产率的增长率进行了分解，研究发现假使行业内的进入与退出是完全自由的，要素资源能够从低效率的国有企业流向高效率的民营企业，那么这种生产资源的重置将会促使中国企业的生产率进一步提高。鉴于此，我们继续从国有企业与非国有企业角度，对中国制造业内资源错配现象进行刻画。

我们以行业国有企业份额的中位数为标准，将总体样本划分为高国有企业份额的行业和低国有企业份额的行业，并再次基于生产率分布的标准差描绘制造业行业内资源错配现象。从图1.5（b）中可以看到，国有企业份额高的行业，其生产率分布趋势明显位于低国有企业份额行业的上方，表明国有企业份额较高的行业，其生产率离散程度较大，行业内资源错配现象较为严重。

第二，从企业内经营绩效来讲，利润率是微观企业绩效的基础和核心。理论而言，企业作为市场经济活动的主体，其首要目标就是追求自身利润的最大化，获取利润是企业立足市场的根本。并且，企业利润率将企业内部的生产效率和外部的市场需求纳入一个统一指标体系中，更为全面地反映了企业的生存能力，而生产率只体现出企业自身内部的生产能力，仅仅是影响企业盈利能力的众多可能性因素之一（刘灿雷等，2018）。此外，企业盈利水平直接决定了企业的创新能力与技术升级。毋庸置疑，企业的研发创新活动需要持续、大量的资金投入，并且面临着较高的风险和不确定性，加之我国发展相对滞后的金融市场，更加剧了企业的外部融资约束，这就使源于企业利润的自有资金成为企业进行创新投入的主要资金来源，直接决定了企业的创新能力与技术升级（Czarnitzki and Binz，2008；张杰等，2012）。鉴于以上分析，我们再次利用工业企业数据，采用企业总利润额与销售总额的比值来衡量企业利润率，从而刻画了中国制造业企业以及中国内资企业的利润率变化趋势，详见图 1.6。

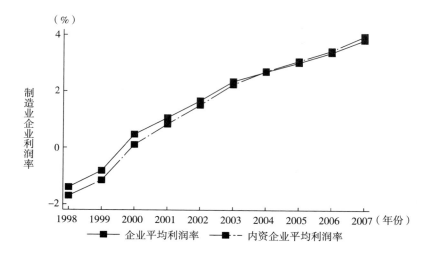

图 1.6　1998~2007 年中国制造业企业与内资企业的年均利润率

资料来源：1998~2007 年中国工业企业数据库。

从图 1.6 可以看到，整体而言，我国制造业企业利润率呈现逐年上升的趋势，表明制造业企业经营绩效在不断提升。从内资企业来看，在 2004 年之前，内资企业利润率低于总体企业利润率，此后，内资企业利润率水平开始反超，位于总体企业利润率之上，表明内资企业利润率的增长幅度大于国内企业的整体上涨幅度，我国内资企业的利润空间有较大的提升。

科学技术进步与自主研发创新是一国经济持续不竭发展的动力源泉，党的二十大报告更是强调"坚持创新在我国现代化建设中的核心地位"，加快实施创新驱动发展战略。实际上，创新不仅可以提升传统生产要素的经济效益，还能够通过改造传统生产要素，创造新的要素组合，为一国经济发展提供持续动力，尤其是在我国当前潜在生产效率持续走低、产业结构急需转型发展的背景下，用创新引领发展、支撑发展就成为助推我国新一轮经济增长的动力源泉所在。

图 1.7 刻画了我国在研发与技术进步上的发展情况与趋势。可以看到，我国在创新型国家建设上取得了重大进展，科技经费投入力度不断加大。研究与试验发展经费支出呈现出迅速攀升势头，2022 年全年研究与试验发展经费支出额达 30782.9 亿元，同比上年增长近 10.1%。同时，研究与试验发展人员全时当量也总体表现出不断增长态势，2016 年达 635.4 万人。此外，根据《2016 年全国科技经费投入统计公报》显示，2022 年我国研究与试验发展经费投入强度（研究与试验发展经费投入占国家该年 GDP 的比重）增长至 2.54%，超过了欧盟十五国 2% 的平均水平。这些统计描述均体现出我国在落实创新驱动发展战略和"大众创业、万众创新"方面取得的显著成效，创新型国家体系建设在持续推进。

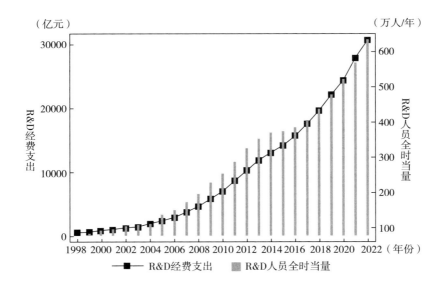

图 1.7 1998~2022 年 R&D 经费支出额与人员全时当量情况

资料来源：国家统计局，http：//www.stats.gov.cn，经笔者整理。

  坚持开放发展，深入推进开放进程，是顺应时代趋势、深度融入世界经济体系的关键途径。然而，就我国现阶段发展形势，问题不是是否对外开放，而是如何提升我国对外开放质量，如何在开放中激发企业活力、促进结构调整，进而推动经济发展，实现更高水平的对外开放格局，有效发挥外资在畅通双循环中的积极作用。可见，在我国经济新旧动能转换、对外开放与创新发展交相辉映的新时期，重新审视外商直接投资对我国企业绩效的影响效应是很有必要的。因此，随着我国外资流量的不断增加和存量的逐步累积，外资企业已经深度融入了我国经济，外商直接投资对我国相关市场的影响又会产生怎样的变化？其对微观经济主体的作用又将如何？正是基于以上现实背景，激发了本书的构思与创作，以求全面考察与评估新发展格局下我国外资进入的市场效应，进而为我国利用外资促进经济增长与发展方式转变提供些许有益借鉴。

（二）理论背景

现代国际直接投资理论诞生于 20 世纪 60 年代初，综合来看，既有理论主要从两个方面进行研究：一是探讨外商直接投资产生的动因、投资方式的选取、投资区域和产业的选择问题及影响因素等；二是探寻外商直接投资对东道国经济和国际经济的影响，包括影响范围、效应、机理及对策等。早期以新古典主义经济增长理论为基础的研究强调 FDI 对东道国经济的影响主要体现在其对东道国经济的资本积累作用。钱纳里和斯特劳特 1966 年在《外援与经济增长》的研究中，提出了著名的"两缺口模型"，认为影响经济增长的主要因素有四个：储蓄、投资、进口与出口。利用外商直接投资可以有效解决发展中国家在经济发展初期面临的储蓄和外汇双重缺口的现实问题。然而，时至今日，传统意义上的"两缺口模型"在对 FDI 持续流入两缺口逐渐消失的发展中国家的问题上解释乏力。以索洛增长模型为代表的新古典增长理论指出，从长期来看，产出的增长只能是技术进步与知识提升的结果。在此基础上，一些学者开始将技术进步内生化，从新增长理论的框架中探究外商直接投资对东道国经济增长的长期影响，强调了科学技术、人力资本是经济持续发展的内生推动因素（Romer，1986，1987；Lucas，1988）。其中，

Lucas（1988）特别强调了经济增长中国际投资的重要作用，认为国际直接投资中所产生的产品与技术交换，可以释放出积极的溢出进而促进发展中国家实现"赶超"。可见，FDI作为技术进步与知识溢出的源泉，其重要性越来越被经济界学者关注。

外商直接投资对于发展中国家来讲，不仅是资本的单方面转移，而且还伴随着先进技术、知识、管理水平和方法的转移。陈福中等（2024）指出，外商直接投资延长了国内产业链长度并提升了国内产业链完整度与获利能力，助推中国制造业实现价值链功能升级。为此，我国制定各种吸引外商直接投资的优惠政策和激励措施也是寄希望于外资的技术进步和长期增长效应。回顾当前相关方面的研究，大多是基于新古典和新增长理论，利用宏观层面和总量数据考察外资进入对中国技术进步与经济增长的影响。江小涓（2002）指出，外资进入对我国经济增长、技术进步、产业结构升级以及研发创新能力提升做出了积极的贡献。姚树洁等（2006）的研究认为，外商直接投资不仅是提高生产效率的推动器，还是生产前沿的移动器，其加快了国内技术进步，促进了我国经济增长。然而，新古典和新增长理论均假设竞争的均衡促使社会资源配置在长期内都存在"帕累托"最优，部门之间的流动和转移不会带来总产出的增加。因此，国内学者在运用宏观增长模型分析外商直接投资的影响效应时，对FDI是如何通过直接影响微观经济，从而间接影响到宏观经济，缺乏总体概括和通盘考虑。并且，近期研究在微观层面对企业绩效的探讨，多集中于对企业生产效率的考察。Lin等（2009）基于水平溢出效应和垂直溢出效应的角度，发现外资进入的垂直溢出效应对内资企业生产效率存在积极的促进作用。而Lu等（2017）以2002年外资管制的政策调整为外生冲击，在有效控制内生性问题基础上，发现外资进入的市场竞争效应抑制了我国内资企业生产率的提升。可见，既有研究对于外资进入的市场效应及其客观影响尚未达成统一的结论，有待我们继续深入探讨。

因此，整体来看，国际投资理论分析与经验探讨的研究对象已从过去的国家和产业层面进一步渗透到了微观企业层面，基于以上考虑，本书通过结合行业内资源配置效率与微观企业经营绩效，全面对外商直接投资带来的市场效应进行评估。与此同时，企业层面数据的可获得性也为我们从微观层面研究跨国投资的起因与影响结果提供了可能。

二、研究目的与意义

随着我国经济的快速增长、市场准入管制的放松以及投资软环境的持续优化，外商对华直接投资规模不断扩大。根据国际咨询公司科尼尔（A. T. Kearney）的调查，中国外商直接投资者信心指数排名位列第二，仅次于美国，显然，中国已成为第二大最具有吸引力的外商投资目的国。然而，在"人口红利"逐步弱化、城市化日益深入和劳动力价格普遍上涨因素的影响下，中国经济的低成本优势有所变化，劳动密集型产业开始加速向周边发展中国家转移，这意味着长期以来，我国以低廉劳动力成本和土地成本为基础的价格竞争优势难以为继，积极引进高水平外资，加速升级产业链已成为我国经济实现转型发展的必由之路。这就需要正确认识外商直接投资在我国经济发展中的实际作用，客观判断其可能存在的问题，准确界定其影响我国经济的微观机理。值得注意的是，企业作为一国经济活动的微观主体，其经营绩效和市场竞争力直接关系到国家（或地区）整体经济的持续增长和竞争力的提升，因此，与直接考察宏观经济结果相比，评价外资进入对企业微观绩效的影响及其作用机制显然更有意义。

基于以上分析，对转型时期外资引进效率及其市场效应的再审视就显得格外重要。那么，外资的大规模进入将会对我国市场竞争程度、竞争结构产生怎样的影响？外商直接投资是否能通过积极的溢出效应促进企业经营绩效的改善？是否可以通过增强市场竞争有效地提升国内企业自主创新能力？并且，面对外资的持续涌入，如何采取有效措施来引导与管制外商直接投资？目前，这些都是学者关注的焦点，同时也是本书研究的侧重点。本书基于引进外资的国内市场精准导向对外资进入市场效应的全面考察与评估，具有重要的理论意义和现实意义。

本书的理论意义主要体现在：

（1）拓展了外资进入对东道国福利水平影响的研究。关于外资进入的既有研究主要从企业内部自身生产效率进行考察，而对企业间资源配置效率的作用，鲜有文献予以识别。显然，探讨外资进入的市场效应及其对微观企业绩效的影响，最终都要反映到福利水平上。本书则细致考察和分析了外资进入引致的要素资源配置变动及由此造成的福利水平变化，在一定程度上丰富了现有关于外商直接投资的经验研究。

（2）深化了外资进入对企业经营绩效影响的研究。已有文献在考察外资进入对微观企业绩效影响时，侧重于对企业生产效率的关注，忽视了企业利润率这一决定企业市场行为的源泉与根源。并且，关于外资进入带来的究竟是积极的促进效应还是消极的负面影响，既有研究尚未能达成统一共识。本书深化了现有文献中关于 FDI 与企业绩效的研究，以期为科学评判外资进入的市场效应提供些许依据和支持。

（3）丰富了对外资准入管制政策评估的研究。尽管我国在修订与调整《外商投资产业指导目录》的过程中，持续不断地优化外资准入管制政策，但既有研究缺乏囊括外资管制政策在内的，对外资进入市场效应的准确辨识。本书合理有效地将外资政策融入具体的计量方法中，弥补和改进了既有研究中存在的不足与缺陷，不仅准确考察了外资进入的市场效应，而且为评估与优化外资监管政策、实现国内市场精准导向提供了经验证据。

本书的现实意义主要体现在：

（1）自中国 2001 年底加入 WTO，至今已长达二十余年之久，这期间也伴随着中国深刻的引资开放进程，那么，在我国微观企业生产效率增长乏力的背景下，外商直接投资的大规模进入对制造业企业间资源配置效率产生了怎样的影响？其背后的作用机理是什么？与此同时，企业微观绩效在外资的大规模进入中是否得以改善？对这一系列问题的全面考察，为我国引进外资与利用外资提供了较为可靠的经验证据，从而有助于深入理解近年来我国来华外资情况及其对制造业企业在多个层面上的影响趋势，为科学客观地评估外资进入的市场效应提供了全新的审视与解读。

（2）外资进入对不同行业的影响存在很大的差异。已有研究表明，外资政策的实施可能与国内产业政策的调整存在一定程度的冲突。本书利用翔实的微观企业数据，通过严谨的实证分析得到了较为可靠、稳健的研究结论，这对于现阶段如何将外资政策与产业政策相结合，进而提高中国制造业企业的经营绩效和市场竞争力，以及如何利用这两种政策有效促进我国经济增长，实现转型发展和协调发展，具有重要的参考价值。

（3）《外商投资产业指导目录》作为中国全面管理外商直接投资的基本依据，其在引导和规范外商来华直接投资上起到了重要作用。本书正是从这一外资引进的国内市场导向政策着手，对外资进入的市场效应进行了细致考察，我们既肯定了外资的积极影响，也指出了外资进入的不利因素，为科学评估现有外资政策和管制方式的效果提供了有益借鉴，同时，研究得出的经验证据也为外资准入管制政策的修订与调整提供了合理的依据，在某种程度上给予我国部门决策者一定的政策指引与导向。

第二节　研究思路、篇章结构与研究方法

本书的中心议题是在国内市场导向政策下探讨外商直接投资对我国制造业企业绩效的微观影响与作用机制。我们简要梳理和概述了该议题的研究思路，对后续的主体篇章结构进行了较为细致的介绍，并展示了研究的逻辑框架与技术路线，在此基础上，对本书选取的研究方法进行了系统归纳。

一、研究思路

关于东道国外商直接投资的研究可谓卷帙浩繁，但已有研究多从宏观层面考察外资进入的经济增长效应，以及其对整体技术进步、创新能力的影响（沈坤荣和耿强，2001；江小涓，2002；姚树洁等，2006）。近年来，随着微观数据的可获得性与日渐普及，大量文献就外资进入对中国经济增长的微观影响机制进行了实证考察（Lin et al.，2009；Lu et al.，2017；诸竹君等；2020；陈强远等，2021）。但综观已有研究，其主要侧重于对微观企业绩效的某个方面或者某个角度的考察，并多集中在企业生产效率、创新能力的探讨上，忽视了外资进入对企业间资源配置效率的重要作用，以及利润率这一决定微观企业市场行为的源泉与根源。本书着眼于对中国大规模外商直接投资带来的市场效应进行全面评估，在对既有研究文献梳理与评述的基础上，区分中观与微观两个层次，具体到企业间资源配置效率与企业内经营绩效两个方面予以系统的考察，进而探讨了外资进入影响行业资源错配程度与企业利润率、研发创新能力的微观机理及其背后的作用机理。

此外，既有研究在考察外资进入的影响效应时，并未对实证分析中可能存在的内生性问题进行细致的探讨。显然，东道国自身行业和企业特征会影响该国的实际外资进入程度，使企业经营绩效与实际外资进入程度二者之间存在逆向因果关系，导致估计结果有偏。鉴于此，在实证分析过程中，我们采用不同的计量方法来克服潜在的内生性问题，以确保研究结论的可靠性。研究试图以2002年《外商投资产业指导目录》的大幅度调整为契机，将其作为外生的政策冲击来考察外资自由化对我国经济增长与企业绩效的影响与作用机制。

本书梳理和回顾了外商直接投资相关理论与实证研究的发展脉络，特别是对外资进入的市场效应方面的文献研究给予归纳和述评，在此基础上，围绕研究主题，从企业间资源配置效率、企业利润率和研发创新三个方面对外资进入影响企业绩效的既有研究进行了综合评价。接着就是实证研究的核心部分，分别构建了计量模型，就外资进入对企业间资源配置效率、企业内经营绩效（利润率与研发创新能力）的影响与作用机制进行细致、全面的探讨与分析，从而揭示出大规模外资进入对中国制造业企业及经济增长的微观影响。最后对本书的基本结论进行了概述，提出相应的对策建议，并指出后续进一步研究的方向。

二、篇章结构

本书主要遵循以下逻辑结构展开论证，共分为七个章节，分别安排如下：

第一章是引言。该部分从我国外商直接投资和制造业企业绩效的主要表现出发，简要介绍了本书的研究背景、研究目的与研究意义，并概述了研究思路与方法，以及可能的创新之处。

第二章是理论基础与文献综述。这部分中，我们主要围绕以下三个方面展开：一是简要回顾了外商直接投资理论的演变及其在我国的发展；二是从市场势力波动、技术溢出效应和福利变动效应三个方面，梳理和归纳外资进入市场效应的相关研究，并给予了简要述评；三是分别从企业间资源配置效率、企业利润率与研发创新方面对外资进入与企业绩效的相关研究进行了归纳与总结，进而奠定了本书的理论基础。

第三章是外资进入与制造业资源配置效率。该章在对外资进入行业进行识别的基础上，从中观层面，探讨了外资进入对企业间资源配置效率的影响。首先，基于工业企业数据测算了企业全要素生产效率（OP方法），借鉴已有研究，采用行业内生产率分布的标准差、95~05分位数差、90~10分位数差和75~25分位数差作为生产率离散程度的代理变量，并以行业生产率均值对其进行标准化处理，进而得到行业资源配置效率指标。其次，通过构建外资进入影响企业间资源配置效率的计量模型，对外资进入的市场效应进行实证分析。再次，刻画了企业间非对称竞争的典型事实，并从生产率分布、国有企业生产率差距、国有企业上游垄断方面，进一步探析了企业间竞争的非对称性对外资进入带来的市场竞争机制的扭曲作用。最后，得出了基本研究结论，即大规模的外资进入，其带来的市场竞争非但不能改善企业间的资源错配程度，反而扩大了行业内的生产率分布，恶化了企业间资源配置效率。造成这一现象的主要原因在于，众多低效率的国有企业，不仅自身存在较为严重的效率损失，而且凭借行政保护在生产要素配置与市场结构方面，同其他所有制企业存在明显的非对称竞争，扭曲了外资进入带来的市场竞争机制，从而加剧了企业间的资源错配程度。

第四章是外资进入与内资企业利润率。首先，该章在对既有研究梳理与概述的基础上，详细阐述了外资进入的市场效应，并引出了对内资企业利润率进行研究的必要性。其次，借鉴 Lu 等（2017）的做法，利用双重差分法将 2002 年外资准入管制的政策调整作为外生冲击，进而构建行业外资进入的工具变量，采用工具变量法进行实证分析，在此基础上，通过一系列检验验证研究结论的稳健性。其次，就外资进入影响内资企业利润率的微观机制进行考察，验证了外资进入的市场效应（技术转移、示范效应和劳动力转移效应）。最后，分别从企业所有制、企业贸易方式、企业所处区域以及行业技术特征方面就外资进入对企业利润率的异质性影响进行拓展分析。该章研究发现，大规模外资进入并未恶化我国内资企业利润率，反而通过扩大企业的市场规模、降低企业内部管理费用、促进劳动、资本生产率和市场势力的提升对内资企业利润率产生了显著的正向影响。此外，外资进入对内资企业利润率的促进作用主要体现在民营企业和集体企业中，对内销企业和一般贸易企业也产生了积极的正向影响，并且，外资进入显著提升了中等技术行业中的企业和西部地区企业的利润率。

第五章是外资进入与企业研发创新。该章对外资进入影响企业研发创新的微观机制进行考察。首先，从逃离竞争效应出发，提出了外资进入影响企业研发创新能力的两个理论假说。其次，分别从企业研发行为与研发投入两个维度，构建了 Probit 模型和固定效应（OLS）模型，全面探讨了外资进入对企业研发创新行为的异质性影响，并从内生性、指标的再度量、样本选择问题方面展开了一系列稳健性检验。再次，遵循前文研究，从企业所有制、企业贸易方式、行业技术水平、企业所处区域特征方面进行了拓展分析。最后，该章研究表明，整体而言，外资大规模进入带来的市场竞争，对中国制造业企业的研发创新活动产生了显著的积极作用，但这种积极的促进效应依赖于企业与世界技术前沿水平的差距，技术水平与行业前沿技术水平更加接近的企业，更易于表现出显著的积极影响，而对于技术距离较远的企业则表现为显著的负面影响。也就是说，外资进入带来的市场竞争显著促进了我国企业的研发创新，但这一积极效应更多地体现在与技术前沿更为接近的企业中。

第六章是研究结论、政策含义与展望。该章对全书的研究予以总结，归纳了主要研究结论，得出了可能的政策启示，指出了研究中存在的缺陷与不足，并对后续更深入的研究进行了展望。

本书沿着"明确问题—文献梳理—理论基础—实证分析—研究总结"的逻辑结构来组织全书。图 1.8 展示了研究逻辑、框架结构和技术路线。

三、研究方法

本书以中国大规模外资进入为背景，从国内对外资进入的市场导向为切入点，以 2002 年《外商投资产业指导目录》的大幅度调整为契机，全面系统地研究外资进入对中国本土制造企业间及企业内自身绩效的微观影响与作用机制。为了使研究结论更加严谨与可靠，在实证分析过程中，力求把握多个维度、采用多种方法，并从多个层次上展开分析。具体来讲，研究方法的运用可整理归纳如下：

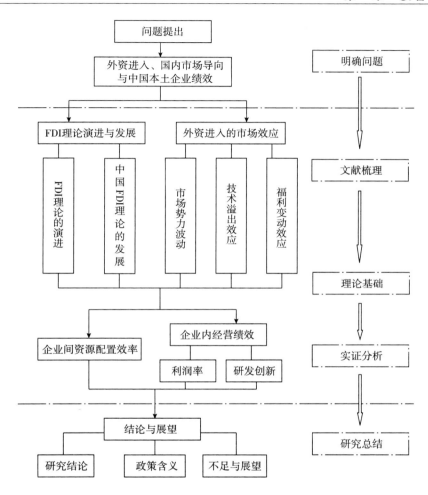

图 1.8　研究技术路线

（一）规范分析与实证分析相结合

通过对既有研究与文献的回顾与梳理，本书归纳总结了外资进入市场效应的相关理论与研究成果，在此基础上，运用逻辑推演、构建数理模型的方式，对外资进入影响我国制造业企业间资源配置效率与微观企业内绩效的作用机制进行了相应的规范分析，从而提出本书的研究假说。进一步地，采用

1998～2007 年翔实的中国工业企业微观数据予以实证分析与验证。正是依赖于规范分析与实证分析的合理运用及二者之间相辅相成的关系，本书得出了更为客观、可靠与稳健的研究结论。

（二）定性分析与定量分析相结合

本书通过将定性分析与定量分析有效结合，更为系统地考察了外资进入对我国制造业企业的微观影响。在研究过程中，定性分析主要体现如下：通过刻画二维散点图初步考察我国大规模外资进入与企业间资源配置效率的关系，通过描绘国有企业与非国有企业之间非对称竞争的事实与现状，指出了二者在生产要素配置和市场结构方面竞争的非对称性（见第三章），等等。此外，计量分析的实质是反映自变量对因变量影响的统计显著性，而无法准确揭示其具体的影响程度，鉴于此，本书在计量估计结果的基础上，要么通过反事实模拟考察外资进入程度影响企业间资源配置效率与企业自身利润率的经济显著性（见第三章、第四章），要么通过对边际效应的刻画，更为直观地说明外资进入对企业研发创新能力提升的边际影响（见第五章）。

（三）中观层面考察与微观层面分析相结合

本书主要采用 1998～2007 年工业企业微观数据进行实证分析，以全面揭示中国外资进入带来的市场效应及其对制造业企业的影响机制。在第三章中，我们首先从中观层面，基于行业生产率分布视角，考察了大规模外资进入带来的市场竞争对企业间资源配置效率的影响，进一步地，在第四章和第五章中，从微观层面上，探讨了外资进入的市场效应及其对企业自身经营绩效（利润率与研发创新能力）的影响。书中对于中观层面与微观层面的把握与分析，为我们科学评估外资进入的市场效应，提供了更为全面与严谨的事实依据和经验证据。

（四）多种计量方法的综合运用

为了确保本书研究的质量以及得出更加客观、可靠、稳健的基本结论，本书根据不同的研究主题、数据特征，采用了不同的计量模型与实证分析方法。在第三章中，本书以 2002 年外资进入管制的政策调整作为准自然实验，采用双重差分法考察了外资进入的市场竞争对企业间资源错配的影响。在第四章中，为有效控制已有研究存在的内生性问题，进而更为准确地考察了外资进入对我国内资企业利润率的影响及作用机制，我们以 2002 年外资准入管制政策的调整作为政策冲击，将双重差分思想嵌入工具变量回归方法中，采用工具变量法（IV 法）进行实证分析。在第五章中，通过构建带有交互项的 Probit 模型和普通最小二乘法（OLS）模型，全面评估了外资进入对企业研发决策与投入的影响效应及其作用机制，并通过三重差分法、构建 Heckman 模型验证研究结论的可靠性。

（五）对比分析法

为更加细致地考察外资进入的市场效应对我国制造业企业的异质性影响，本书充分利用了"对比分析法"，不仅从整体上评估了外资进入对企业间与企业内绩效的影响，还通过分组样本考察的方式进行异质性探讨，全面比较分析了企业在不同所有制、贸易方式、行业技术水平、区域特征状态下，外资进入的异质性影响。通过以上细致的对比分析，揭示了大规模外资进入对不同类别企业绩效的影响机制及差异，并对其背后的原因做出深入剖析，进而极大地丰富了本书的研究内涵。

第三节　研究创新点

本书在梳理归纳既有研究的基础上，着眼于对外资进入的市场效应进行全面系统的考察与评估。研究可能在如下方面进行了创新性工作和有益尝试：

（1）在研究视角上，尽管关于外商直接投资的研究卷帙浩繁，但既有研究多集中于对企业生产效率的探讨，忽视了其在企业间资源配置效率上的重要作用，以及利润率这一决定企业市场行为的源泉与根源。本书拓展了已有研究的范畴，首次基于中观和微观两个层次，从企业间资源配置效率与企业内经营绩效两个方面，具体到企业盈利水平与研发创新能力两种绩效，全面系统地评估了外资进入影响企业间资源配置效率与企业内经营绩效的微观机理，并深入探讨了其背后的作用机制，为进一步识别外资进入对东道国企业绩效与经济增长的影响提供了新的经验证据。

（2）在外资识别上，既有研究主要采用行业内外资企业数目、就业份额或者销售份额度量外资进入程度，显然，利用实际进入的外资企业考察其对我国经济增长和微观企业绩效的影响，存在明显的样本选择问题。也就是说，当政府放开行业的准入管制之后，外资企业可以选择进入，也可以选择不进入，如果外资企业的市场进入同行业内的企业绩效相关，由此造成的样本选择问题将会导致有偏的估计结果。为此，本书基于 2002 年修订的《外商投资产业指导目录》，通过对比 2002 年与 1997 年的《指导目录》的差异情况，识别出国民经济行业分类标准 4 分位行业下，外资管制政策的调整与变化，以此作为外生的政策冲击考察外资进入的市场效应。相较于实际进入的外资企业而言，外资进入的产业管制具有明显的外生性，从而可以较好地控制已有研究可能导致的样本选择问题，保证了回归结果的有效性，同时也为中国外资准入管制提供了一个基本思路，为外资管制政策的制定与优化提供了一个新的经验证据。

（3）在数据运用上，本书或许是首次使用《外商投资产业指导目录》与大型工业企业数据的匹配数据，全面评估与考察外资进入对企业间资源配置效率与企业内经营绩效的研究。本书详细对比了 2002 年与 1997 年的《指导目录》，将其与国民经济行业分类标准 4 分位行业对接，从而识别出行业外资管制政策的调整与变化，并实现与工业企业数据库的匹配，得到研究的基准数据样本。此外，我们测算了企业成本加成率，以考察外资进入的市场效应（见第四章）；结合 2002 年投入产出表，构建了行业上游度指标（见第三章）和产业关联系数（见第四章）；依据 OECD 制造业技术划分标准，区分了行业技术水平差异（见第四章）；从 WTO 数据库中测算了印度制造业行业的关税水平，以克服研究中存在的内生性问题（见第五章）；基于 NBER 数据库得到美国制造业行业的劳动生产率水平，以进行稳健性检验（见第五章）。大量数据的运用确保了研究的客观性、科学性、可信性与稳健性。

（4）在研究方法上，为克服既有研究在回归过程中存在的内生性问题，本书关注了 2002 年《外商投资产业指导目录》的调整在我国外资自由化进程中的关键性作用，巧妙地利用了 2002 年外资准入管制政策调整这一外生性的政策冲击，结合各章节研究主题与数据特征，分别采用双重差分法（Difference-in-Difference；DID）、三重差分法（Difference-in-Difference-in-Difference；DDD）及两阶段最小二乘法（2SLS）进行回归分析与稳健性检验，提高了研究结论的可信度与可靠性，从而更为准确地识别与评估了外资进入对我国经济增长与企业绩效的市场效应，保证了研究结论的有效性。

（5）在研究结论上，本书首先发现，外资进入带来的市场竞争加剧了企业间的资源错配程度，而行政保护下低效率的国有企业，在生产要素配置和市场结构方面，与非国有企业存在的明显的非对称竞争是导致这一结果的主要原因，其扭曲了外资进入带来的市场竞争机制，进而加剧了企业间的资源错配程度。基于企业内绩效的研究发现，大规模外资进入并未恶化中国内资企业的利润率，反而通过技术转移、示范效应和劳动力转移效应（具体表现为企业生产规模的扩大、企业管理效率、劳动和资本生产率以及市场势力的提升），对内资企业利润率产生了明显的促进作用，并且，外资进入还通过积极的"逃离竞争"效应，激发了企业的研发创新行为，更激励了高效率企业从事研发创新活动。基于企业所有制、贸易方式、所处区域和所处行业的异质性分析，为我们深入探讨外资进入对我国制造业企业绩效的差异化影响提供了经验证据。

第二章

理论基础与文献综述

随着全球一体化进程的不断深入以及国际直接投资的快速发展，外商直接投资对东道国宏观经济发展、微观企业运行与中观产业组织调整产生了日益深远的影响，也受到大量学者的广泛关注。本章梳理与概括了外商直接投资理论的演进及该理论在我国的发展，并从市场势力波动、技术溢出效应和福利变动效应三个方面论述了外商直接投资带来的市场效应，继而对外资进入与制造业企业绩效的相关研究进行了系统述评，为本书的后续研究奠定了理论基础。

第一节　外商直接投资理论的演进与发展

资本的跨国流动是国际分工深化和生产力水平提高的必然结果。从 20 世纪 60 年代开始，伴随着跨国公司国际直接投资实践的不断丰富，经济界学者试图从各个角度来解释国际直接投资行为与动因。经过学者长时期的理论研究与探索，目前已形成了一套相对完善的外商直接投资理论体系，并逐渐发展成为现代经济学的一个重要分支。本节首先就外商直接投资理论的演进及其在我国的发展进行了系统性概述。

一、外商直接投资理论的演进

由最初的国际贸易理论到对外直接投资理论的出现，再到分门别类的国际直接投资理论的繁荣，外商直接投资理论的演进与发展经历了一个漫长的时期。20 世纪中期，随着跨国间产业内直接投资的扩张，国际投资问题逐渐被学者关注。Hymer 在 1960 年发表的《国内企业的国际经营：对外直接投资的一项研究》标志着国际直接投资理论的诞生，随后，这些新的观点经过 Caves（1971）、Dunning（1977）等的发展，形成了国际直接投资的一般理论。本节将对这些理论进行简要概述。

（一）垄断优势理论

垄断优势理论，又称所有权优势理论或专有资产理论，该理论认为，跨国公司之所以进行国际间直接投资，是为了排除竞争、寻求垄断优势地位。相较于东道国企业，跨国公司拥有更多的先进技术、组织管理经验、融资渠道和多样化投资等优势，其可以在东道国市场上保持一定程度的垄断优势，进而获取更多的利润。因此，市场的不完全性是国际直接投资产生的根本原因，要对国际直接投资进行解释，就必须放弃传统国际资本流动理论中关于市场是完全竞争的假设，在不完全竞争市场中予以考察。Hymer 进一步说明了市场不完全竞争的四种类型：生产要素市场和产品市场不完全；规模经济引发的市场不完全；政府有意识地干预市场引起的市场不完全；税收与关税水平导致的市场不完全。前三者促使企业获取垄断优势，而最后一种市场不完全使企业可以利用其垄断优势来进行海外直接投资。因此，对外直接投资正是基于市场不完全条件下，企业垄断优势的体现。这种垄断优势可以是先进的技术、管理经验、销售渠道、雄厚的资金实力、声誉或者信息等。在 Hymer 研究基础上，大量西方学者发展和完善了国际直接投资理论（Johnson，1970；Caves，1971；Knickerbocker，1973）。Caves（1971）认为，使产品差异化进而区别于其他类似产品的能力是跨国公司的一个重要优势，跨国公司通过改善产品质量、改良外部包装、推广商标和品牌影响力等，使其产品对消费者心理产生作用，所有这些都促使跨国公司获得在产品价格和销售额上一定程度的控制权。Dunning（1977）研究认为，跨国企业并非必然要对某一资源具备垄断性，只要能为企业带来未来收入流的资源或者能力都可能成为专有资产，但他强调对该专有资产的绝对所有权。垄断优势理论突破了传统国际投资理论基于资本要素流动的框架，突出了技术优势与知识等资产在对外直接投资中的重要作用。

（二）内部化理论

外商直接投资内部化理论的思想渊源可以追溯到著名的交易成本理论"科斯定理"。科斯认为，企业与市场实际上是两种具有本质差异但又能够相互替代的交易制度，其指出市场的交易是由价格机制来调节的，而企业的存在则使这些原本属于市场的交易"内部化"了。Buckley 和 Casson（1976）进一步指出外部市场内部化是 FDI 形成的主要动因，其在《跨国公司的未来》一文中，系统分析了跨国公司在全球的经营活动，以及企业内部机构和营运模式，强调跨国投资有助于将企业外部交易成本内部化，降低非效率性损失。该研究指出，由于国际间产品市场的不完全性，交易过程中不可避免地会存在诸如机会主义、道德风险等市场失灵情况（Dunning and Rugman，1985），这种交易的非效率性致使企业交易成本增加，而通过对外直接投资，将外部交易成本与风险内部化，可以弥补外部市场失灵与缺陷，进而降低企业经营成本、提高经营效率。从这一角度来看，跨国公司选择对其他国家进行直接投资而非技术转让，就与该理论有很大的关系。因此，对于东道国来讲，一些复杂技术难以从市场上通过交易方式获取，对外直接投资中的技术溢出渠道对于利用和吸收先进知识与技术是非常重要的。Giddy 和 Young（1982）对发展中国家新型跨国公司的研究分析，认为这些新兴市场国家的跨国公司正是通过内部化方式，利用二手设备市场和劳动力市场的不完全性来寻求最大化的经济利益。其可以进行技术模仿与再改造，从而降低在研究与开发上的费用支出，以较低的成本形成自己独特的技术优势，并利用市场分割的特征，避免与发达国家跨国公司进行直接竞争，来获取一定的市场份额。Buckley 和 Casson（1976）提出的内部化理论对于解释各类跨国公司的形成均具有重要的意义。Rugman（1981）在对跨国银行兴起与发展的研究中进一步指出，内部化有助于降低市场交易成本，各国在货币制度、汇率水平和利率上的差异，以及各国政府对资本流动性的不同程度管控，致使国际金融市场存在不完全，进而有力地促进了跨国银行的发展。

（三）产品生命周期理论

产品生命周期理论由 Vernon（1966）在《生命周期中的国际投资和国际贸易》一文中首先提出，他在实证考察美国跨国公司对外直接投资活动的过程中，创造性地提出了产品生命周期理论。Vernon 发现，拥有新技术、新产品的跨国公司总是在等这些新技术、新产品在国内发展到成熟阶段之后，才逐步通过对外直接投资形式，在海外设立分支机构继而从事该类技术与产品的生产和销售活动。因此，他将产品的生命周期和国家间技术水平差异相结合，揭示了国际直接投资产生的根本原因。其认为一个产品同一个生命体一样，依次经历着创新阶段到成熟阶段再到标准化阶段三个阶段。在产品的不同发展阶段中，产品的竞争优势以及企业的经营策略具有较大差异。通常，在产品的创新阶段，需要大量的研发人员投入和巨额的资金支持，人力资本密集、资金充裕的发达国家就拥有区位优势。当产品进入成熟阶段，市场规模大、收入水平较高、知识产权保护力度强的国家拥有区位优势，以期获取产品的既得收益。当产品进入标准化阶段，类似的替代品广泛出现，市场竞争加剧，此时寻求低成本、低廉价劳动力市场成为企业对外直接投资的动机，此时，跨国公司将生产基地转向海外、向发展中国家投资设厂成为普遍现象。产品生命周期理论为跨国公司对发展中国家开展的广泛对外直接投资活动提供了一种新的解释。此后，Vernon 进一步对产品周期理论作了修正与完善，引入"国际寡占行为"来对跨国公司的国际直接投资行为进行解释，将产品周期重新划分为"以创新为基础的寡占阶段""成熟的寡占阶段"以及"老化的寡占阶段"，更深入地阐述了发达国家企业在进行对外直接投资行为时的动机与时机选择。值得注意的是，不同于垄断优势理论，产品生命周期理论将企业的技术优势与垄断视作伴随着产品生命周期变化的动态过程，为外商直接投资理论增添了时间因素和动态分析因素。

此外，小岛清（1987）在实证研究日本企业跨国直接投资的基础上，进一步发展了外商直接投资理论，从比较优势原理出发提出了"边际产业扩张理论"，认为日本的对外直接投资行为，主要是那些在国内已丧失了比较优势地位的产业，为了维持这些生产部门，就有必要到具有特定区位优势的国家进行投资和生产。这一理论仅是解释和概括了日本早期的以资源寻求型、市场导向型、劳动力导向型的对外投资活动，难以对 20 世纪 80 年代之后，复杂国际环境下各种国际直接投资行为进行解释，并不具有普遍意义。在融合了垄断优势理论、内部化理论等 FDI 理论研究的基础上，Dunning（1977）继而提出了国际生产折中理论，认为只有具备了所有权优势、区位优势和市场内部化优势，企业才有可能对外直接投资。其贡献在于综合并吸收了关于跨国公司对外直接投资的既有理论，比较系统完善地解释了跨国企业进行国际直接投资的决定因素及其动态变化。

（四）发展中国家的对外直接投资理论

上述对外直接投资理论，多数是对发达国家或者较发达地区的跨国投资行为做出解释，20 世纪 80 年代，随着一些发展中国家的崛起，其国际直接投资活动受到了学者的广泛关注，而针对发达经济体的 FDI 理论并未能充分解释发展中国家的对外投资行为。1983 年，美国学者 Wells 创新性地提出了小规模技术优势理论，认为发展中国家的跨国公司可以采用小规模生产方式和发展劳动密集型产业，获得发达国家跨国公司所不具备的优势，从而更为灵活地参与国际间竞争，该理论把发展中国家跨国企业的竞争优势与这些国家自身市场特征相联系，为分析经济落后国家企业参与国际竞争提供了启发。英国经济学家 Sanjaya Lall（1983）系统考察了印度跨国公司的竞争优势和对外投资动机，认为尽管发展中国家跨国公司技术规模小、多集中为劳动密集型技术，但这些技术也包含着企业内在的创新行为，其在引进先进技术的同时，通过自主消化、吸收与学习，不断地完善和创新，从而使技术地方化，促使形成新的竞争优势，这一理论被归纳为技术地方化理论。此外，还有很多针对发展中国家对外直接投资的研究成果不断涌现，如技术创新产业升级理论、Porter（1980，1985）提出的竞争优势理论、动态比较优势投资理论等，这些理论从不同侧面分析了 20 世纪 80 年代之后的发展中国家，特别是新兴工业化国家或地区对外直接投资蓬勃发展的原因，并对这一现象做出了较为全面的解释。

二、外商直接投资理论在我国的发展

20 世纪 90 年代，随着我国改革开放进程的加快，以及外商直接投资规模的扩张，外资理论在我国的发展逐渐受到学者的广泛关注。国内学者基于既有的国际投资理论，对外商直接投资如何影响我国经济发展进行了考察与实证分析，促进了外商直接投资理论在国内的发展。这些研究涵盖了 FDI 对中国资本形成、产业区域布局与结构升级、劳动力市场与就业、技术进步以及经济增长等方面的作用和影响。王小鲁和樊纲（2000）的研究指出，外商直接投资在促进中国资本形成及经济增长方面产生了显著的积极作用。郭克莎（2000）全面分析了 FDI 对我国三次产业结构之间及产业结构内部产生的重要影响，指出 FDI 加快了我国产业结构调整的速度，促进了我国技术密集型行业的发展。沈坤荣和耿强（2001）构建了外商直接投资与人力资本形成的内生增长模型，通过实证分析发现，FDI 在我国的增长促进经济增长，并且，FDI 技术扩散程度与我国人力资本条件显著相关。江小涓（2002）和姚树洁等（2006）的研究发现，外资进入对于整体的技术进步、研发创新和产业结构升级等方面存在积极的促进作用。顾永红和胡汉辉（2007）进一步指出，外资企业对于中间品的需求及其本土化生产是促进我国产业结构升级的关键。陈继勇和盛杨怿（2008）、李晓钟和张小蒂（2008）等同样发现，FDI 显著促进了区域经济增长、科技发展水平和研发创新能力。不难看出，国内学者在外商直接投资对我国经济产生何种影响的研究上，成果相当丰硕，为该时期我国吸引与利用外资决策，以及如何更好地发挥外资效益提供了有益的参考与借鉴。然而，总体来看，以上研究多集中于对我国外资进入与经济增长宏观影响方面的考察，或是基于行业与省级层面数据探讨与评价外资进入的影响效应，缺乏对于微观企业绩效更为细致的分析与探讨。

随着微观企业数据的普及和微观计量方法的不断发展，学者开始深入研究 FDI 对我国市场经济微观主体的影响与作用机制。其中，外商直接投资与企业生产效率之间的关系一直是学者关注的重点领域（Lin et al.，2009；覃毅和张世贤，2011；杨振，2015；钟昌标等，2015；邱立成和刘灿雷，2016；Lu et al.，2017）。Lu 等（2017）的研究认为，外资进入带来的市场竞争对中国制造业企业的全要素生产率提升产生了负面影响，而前后向溢出效应有助于企业生产效率的长期增长。可见，由于外资企业进入的异质性与复杂性，以及企业生产效率指标是否准确度量问题的存在，使现有研究在外资进入与企业生产效率关系上尚未达成一致的结论。此外，学者也就外资进入如何影响企业间工资水平、就业等进行了较为深入的考察。周云波等（2015）的研究指出，外商直接投资对中国企业间工资差距产生了显著影响，其贡献率在10%以上。王雄元和黄玉菁（2017）采用 2007~2014 年上市公司微观数据，考察了 FDI 对企业劳动收入份额的影响，研究发现，整体而言，外商直接投资促进了职工收入份额的增长。许建伟和郭其友（2016）对外商直接投资的经济增长、就业和工资的交互效应进行了考察，发现外商直接投资整体上带动了我国经济增长，缓解了就业压力，但并未对我国的工资效应产生显著的影响。

后疫情时代，一些发达国家极力推行"制造业回流"政策，导致产业链供应链向"近岸"或"友岸"收缩，引发了国内学术界关于外资撤离与产业安全的讨论（李磊等，2019；陈强远等，2021；严兵和程敏，2022；陈福中等，2024）。外商撤资引致产业链外移风险，甚至可能对国内产业结构带来系统性冲击。陈强远等（2021）从技术获得性、技术可控性和供应链安全角度的研究发现，外商直接投资在较大程度上提升了东道国产业安全水平，回击了"外资威胁论"。倘若外商直接投资能与本土经济社会之间加深互动结合的紧密程度、深化本地嵌入性，将会更有效地发挥上下游产业的联动效应与溢出效应。陈福中等（2024）指出，外资嵌入国内大循环能有效促进制造业价值链功能升级，因此，在吸引外资时需从完善内部市场条件与优化政策环境两个方面以及二者的协同互补着手，共同发挥稳外资作用（陈钊和张卓韧，2023）。

上述关于外商直接投资研究文献，主要是基于既有国际直接投资理论在我国的运用、检验与实证分析，尚未形成在国际上普遍认可的开创性的投资理论。从研究的结论上看，多数学者肯定了外商直接投资在促进我国经济发展上的积极作用，与此同时，也有学者指出了外资引进过程中的不足与缺陷，为我国外资政策的制定与调整、切实有效地利用外资奠定了较为深厚的理论基础。

第二节　外资进入的市场效应

在外商直接投资进入中国市场并对中国经济产生的影响效应上，学者根据不同的研究目的对其进行了不同的界定。从市场势力角度来看，外资进入既可以强化市场竞争，也会造成行业垄断；从技术溢出角度来看，外资进入在带来水平溢出的基础上，也会通过行业之间的关联关系产生前后向溢出效应；从福利变动角度来看，外资进入导致要素资源配置的优化，进而带来福利的改善。鉴于此，本书借鉴杨振和陈甬军（2014），将外资进入带来的竞争与垄断效应、生产率外溢效应、技术效应、资源配置与福利变动效应统称为广义层面上外资进入的市场效应，并从市场势力波动、技术溢出效应和福利变动效应三个方面，简要概述了外资进入市场效应的相关理论与研究。

一、外资进入与市场势力波动

外商直接投资是把"双刃剑",其既可以输入垄断势力又有助于激发竞争活力,换句话说,外资的大规模进入势必会改变东道国的市场竞争环境,进而引起行业内市场势力波动。一般而言,高生产率企业会有较高的市场溢价势力(Bernard et al.,2003),而外资的进入可以通过溢出效应促使东道国企业自身生产效率的提升,进而带来市场势力溢价。Blomström(1986)对墨西哥制造业的研究发现,跨国公司的进入显著促进了墨西哥的市场集中程度,跨国公司份额越高,其市场集中程度就越高。Singh(2011)以印度制造业为例,同样表明外资进入会显著提高市场集中度。然而,大量的研究支持外资进入降低市场垄断势力,激化行业竞争程度的观点。Driffield 等(1998)指出外资企业挤占了英国本土企业的生存空间和利润空间,其作用机制在于加剧了本土市场竞争程度。Melitz 和 Ottaviano(2008)的研究指出,贸易改变了产业组织结构,进而带来更加激烈的竞争,有利于降低本国市场势力溢价。

同样,Badinger(2007)、Sembenelli(2008)、Feenstra 和 Weinstein(2010)的研究也得出类似结论。此外,也有学者检验了外资进入对市场势力的非线性影响。Sauner-Leroy(2003)的研究发现,行业的市场势力溢价呈现先减后增的非线性趋势。Aghion 等(2005,2009)基于英国制造行业外资企业进入事实的研究也从另一个侧面验证了外资进入影响市场势力的非线性特征。

就国内而言,大部分研究支持了外商直接投资促进市场竞争,优化产业结构的观点。江小涓(2002)以规模和技术特征存在明显差异的汽车、移动通信设备和洗涤用品三个行业为例的研究发现,尽管跨国公司有垄断意愿,但随着中国不断深入的改革与开放进程,跨国公司不仅自身表现出竞争特性,而且成为促使中国竞争性市场结构形成的重要力量。杨丹辉(2004)的研究也指出跨国公司对中国的市场结构产生了深刻影响,导致市场结构的二元极差扩大。谷克鉴（2005）通过对中国利用外资长期实践的分析，指出了外资进入能够显著促进中国国内市场竞争，并缩小了国内行业与外资的技术水平差距。陈甬军和杨振（2012）、杨振（2015）在测算中国制造业行业（CIC-2 位行业）市场势力溢价的基础上，对外资进入带来的市场效应进行了考察，指出外资带来的竞争效应明显降低了垄断的无谓损失，但在部分行业中，外商直接投资导致反竞争效应。整体而言，外资进入与我国制造业市场势力溢价之间呈现着显著的"U"形非线性关系。此外，才国伟等（2012）、包群等（2015）、罗伟和葛顺奇（2015）、刘灿雷等（2018）以及陈强远等（2021）继续从外资竞争的角度考察了 FDI 对我国微观企业的影响与作用机制。

二、外资进入的技术溢出效应

一国技术进步的源泉可分为两类：一是本土企业自主创新，二是引进、模仿与消化学习。正如 Eaton 和 Korturn（1996）、Coe 和 Helpman（2004）的研究，外部先进技术的扩散与转移同样会促进一国技术发展与进步。而外商直接投资作为先进技术与管理经验的载体，日渐成为国际技术扩散的重要渠道。Romer（1986）、Lucas（1988）认为参与国际贸易和吸引外资有助于接受先进技术和知识，从而有利于东道国吸收 FDI 的技术外溢效应。Grossman 等（1991）的研究发现，外商直接投资的技术外溢效应最终能够促进东道国经济的长期增长。同样，Buckley 等（2007）、Haskel 等（2007）的研究均得出了 FDI 显著促进了本土企业生产效率的提升。然而，FDI 对发展中国家技术外溢效应的经验研究却难以得到一致性的结论，认为外资进入对发展中国家的溢出效应并不明显或显著为负（Aitken and Harrison，1999；Konings，2001；Hu et al.，2003）。

综合来看，外资进入的溢出效应可以概括为水平溢出效应（竞争效应、示范效应和培训效应）和垂直溢出效应（关联效应）。同行业内 FDI 竞争效应对溢出效应的抵消是造成外资进入水平溢出效应失效的主要原因。鉴于此，学者开始关注外资进入的垂直溢出效应，即 FDI 通过与本土企业建立上下游合作关系产生技术溢出。Suyanto 和 Salim（2010）研究发现，在印度尼西亚，后向技术溢出效应较为显著。Javorcik（2004）以立陶宛为例，发现 FDI 对本土企业生产效率的正向溢出仅存在于后向关联效应中，依赖于外资企业与上游供应商之间的合作关系。Lin 等（2009）基于水平溢出效应和垂直溢出效应的角度，研究发现外资进入的垂直溢出效应对内资企业生产效率存在积极的促进作用。Du 等（2011）研究指出，前、后向 FDI 技术溢出效应对中国制造业企业产生了显著影响。

此外，国内学者也探讨了外资进入对我国企业的技术溢出和渠道，这些研究一方面验证了负面竞争效应的存在，另一方面也肯定了 FDI 积极的示范效应、培训效应和产业关联效应（王志鹏和李子奈，2003；冼国明和严兵，2005；张海洋，2005；赖明勇等，2005；沈坤荣和孙文杰，2009；包群等，2015，Lu et al.，2017）。Liu（2006）以中国制造业为例的研究指出，外资进入对我国制造业产生了积极的前后向关联溢出效应，并且外资进入与本土企业间的后向关联是主要的溢出渠道，刘伟全和张宏（2008）也得出了类似结论。包群等（2015）指出尽管外资企业进入加剧了我国行业内竞争，迫使同行业内企业加速退出，但外资企业也通过与本土企业构建上、下游产业关联，为我国企业创造了新的存活机会和市场空间。Lu 等（2017）的研究指出负面的竞争效应抑制了中国制造业企业生产效率的提升，但前、后向关联效应对生产率具有显著的积极作用。陈强远等（2021）认为引进外资对东道国企业生存的影响是效率机制和竞争机制共同作用的结果，这两个相反力量的强弱导致对本土企业生存的促进效应与抑制效应的差异。

三、外资进入的福利变动效应

根据杨振（2015）的论述，外资进入带来的福利效应可以归纳为两类：一类是对东道国市场扭曲的影响，包括不合理的税收制度、非完全竞争的劳动力市场等；另一类是对企业间资源配置效率的影响，即在特定技术水平条件下，外资进入是否通过要素投入结构转换和要素的高效率流动，促进一国经济增长，带来福利的改善。

关于外资进入福利效应的研究较少，且多集中于对一国整体福利的变动。Reis（2001）基于内生增长理论构建了一个"外资回报"外溢模型，发现外资可能因其外资回报流入母国而降低东道国的福利利得，并且还指出了外资正向和负向福利效应产生的前提条件。Mukherjee 和 Suetrong（2009）分析了外资进入与东道国私有化激励之间的因果关系，发现外资进入通过对东道国产生私有化激励，促进了东道国整体福利的提升。陈甫军和杨振（2012）对于外资进入对市场竞争环境的影响上，考察了其引起的福利波动。研究指出，从福利角度看，外资进入的竞争效应使垄断带来的福利损失减少了 3334.70 亿元，外资的反竞争效应使福利损失增加了 2407.45 亿元。

正如 Syverson（2004）、Hsieh 和 Klenow（2009）以及聂辉华和贾瑞雪（2011）研究指出，企业间的资源配置效率也是决定一国经济增长的主要因素。Caselli（2004）从资源配置效率角度总结了国与国之间收入差距的原因。Alfaro 等（2008）采用 2003~2004 年 79 个国家约 2400 万家私营企业的数据，发现企业间资源错配解释了大约一半的人均收入差距。Hsieh 和 Klenow（2009）发现，中国制造业内存在较为严重的资源错配现象，假使企业间的资源配置能够像美国一样将资源配置给高生产率企业，那么中国整体的生产效率将会提高 30%~50%。Brandt 等（2009）利用 1998~2006 年中国制造业微观企业数据，对企业全要素生产率增长率进行了分解，发现倘若企业的进入和退出是完全自由的，资源可以顺畅地从低效率国有企业向高效率民营企业流动，那么这种要素资源的重新配置将进一步促使中国企业 TFP 增长。聂辉华和贾瑞雪（2011）指出资源错配是导致企业效率低下的重要原因，其采用行业内企业生产率的离散程度对资源误置程度进行了度量和刻画，指出国有企业是导致我国制造业内资源误置的主要因素。然而，尽管既有研究注意到了资源配置效率在一国经济增长中的重要作用，但尚未有对外资进入与资源配置效率关系的系统性研究。

第三节 外资进入与企业绩效

从上一节对外资进入市场效应的介绍可以看到，理论上，外资进入带来的市场竞争会迫使行业内生产效率较低的企业退出市场，引致市场份额向生产效率较高的企业转移，进而通过行业内资源再配置效应提高行业总体生产率，改善社会福利水平。并且，伴随着跨国直接投资理论以及异质性贸易理论的发展，对外资进入影响效应的研究逐渐从国家、行业等宏观层面进一步地深入到企业微观层面。因此，结合本书主题，本节将继续从企业间资源配置效率、企业利润率和企业研发创新能力三个方面来梳理外商直接投资影响效应方面的相关研究。

一、外资进入与资源配置效率

国与国之间的收入差距在很大程度上来源于其在生产效率方面的差距，而一国的生产效率一方面取决于微观企业内部的生产效率水平，另一方面取决于企业间的资源配置效率（Banerjee and Duflo，2005；Hsieh and Klenow，2009；Jones，2011）。因此，大规模外商直接投资对中国经济增长的影响，主要通过企业内和企业间两个方面的影响机制产生作用。

从企业自身效率的相关研究来看，传统理论认为，外资企业能够释放积极的溢出效应，进而促进东道国企业生产效率的提升（Liu et al.，2009；Baltabaev，2014），但也有研究指出外资进入对东道国企业生产率的影响微不足道，甚至产生负向的挤出效应（Aitken and Harrison，1999；Herzer，

2012）。国内学者也基于我国数据对此进行了深入考察。亓朋等（2008）从行业内、行业间和地区间多个维度的研究，发现外资进入对我国内资企业生产效率的溢出效应主要体现在行业间和地区间方面，而对于行业内的影响并不显著。路江涌（2008）基于地理距离、吸收能力和企业所有制方面的研究指出，外资企业的正向溢出效应随着地理距离的扩大而降低，随着企业吸收能力的提高而增强，并且对民营企业生产效率提升存在积极显著的促进作用，对国有企业则存在明显的负面影响。此外，Lin等（2009）基于水平溢出效应和垂直溢出效应的角度，发现外资进入的垂直溢出效应对内资企业生产效率存在积极的促进作用。考虑到已有研究中可能存在的内生性问题，Lu等（2017）以2002年外资管制的政策调整作为外生的政策冲击，再次验证了外资进入的正向溢出效应和市场竞争效应。毛其淋和方森辉（2020）认为在制度环境愈加完善地区，外资进入更有助于促进企业生产效率提升，优化资源配置效率是外资影响企业生产率提升的主要渠道。

从资源配置效率的相关研究来看，Banerjee和Duflo（2005）首先指出了企业间资源配置扭曲可能是国家之间加总全要素生产效率产生巨大差别的重要因素。Hsieh和Klenow（2009）对中国、印度同美国行业内的资源配置效率进行了细致对比，研究发现，中国制造业内存在较为严重的资源错配现象，假使企业间的要素资源配置能够像美国一样配置给生产效率更高的企业，中国整体的生产效率将会提高30%~50%。Banerjee和Mou（2010）从二元边际视角研究了资源配置效率，认为资源误置主要来自集约边际下的资源误置和扩展边际下的资源误置，其中集约边际下的资源再配置也就是大多数文献中指出的，资源由低效率企业向高效率企业的流动过程。借鉴以上研究，国内学者也深入探讨了中国制造业存在的资源配置扭曲问题，如Brandt等（2009）、聂辉华和贾瑞雪（2011）、陈永伟和胡伟民（2011）、孙元元和张建清（2015）等，但均是对制造业资源错配的程度及其产生原因的考察。此外，Lu和Yu（2015）采用企业成本加成率的泰尔分布度量了资源错配程度，细致探讨了贸易自由化改善中国制造业企业间资源配置效率的机制途径。

综合以上研究不难发现，大量文献从企业自身生产效率方面，就外资进入对中国经济增长的微观影响机制进行了实证考察，但却鲜有涉及对企业间资源配置效率的研究，进而忽视了外资进入引致资源再配置及其对经济增长产生的重要作用。

二、外资进入与企业利润率

理论而言，企业作为市场经济活动的微观主体，其首要目标就是追求利润最大化，其要想在激烈的市场竞争中求得生存，就必须依赖于自身盈利能力的提高。可见，利润率是企业绩效的基础与核心，是企业在市场中持续存活的必要条件。并且，利润率将企业内部的生产效率和外部的市场需求纳入一个统一指标体系中，更加全面地反映了企业的生存能力，而生产率仅仅是企业内部生产能力方面的表现，只是企业盈利水平的众多决定性因素之一。尽管二者之间存在正向关系，但如果忽略其他重要因素，将难以准确揭示外商直接投资与企业绩效之间的潜在关系（苏振东和洪玉娟，2013）。然而，不难发现已有文献在考察外资进入的市场效应时，大多集中于对企业生产效率的影响（Haskel et al.，2007；路江涌，2008；Keller and Yeaple，2009；Lu et al.，2017），忽视了企业利润率的重要性。

整体来看，外商直接投资会对东道国企业利润产生两类不同的效应：一方面，相较于东道国企业，外资企业在生产效率、研发与创新能力等方面拥有较为明显的优势（Helpman et al.，2004；Arnold and Javorcik，2009；吴延兵，2012），外商直接投资的大量涌入，攫取了东道国企业的市场份额，挤压了企业的生存空间（包群等，2015），从而抑制了东道国企业利润率的提升，此时，外资进入对东道国企业绩效的影响表现出负面的竞争效应（Aitken and Harrison，1999；Konings，2001；Lu et al.，2017）；另一方面，外资企业作为先进技术与管理水平的载体，被认为是知识技术溢出的重要来源。外商直接投资通过技术转移与示范效应，降低了东道国企业技术获取成本，提升了企业管理效率，进一步地，通过内外资企业间员工流动促进了内资企业生产率的提升，表现出积极的劳动力转移效应（培训效应）（Blomström and Kok-ko，1998；Fosfuri et al.，2001；Meyer，2004；袁诚和陆挺，2005；路江勇，2008）。此外，外资进入带来的产品市场竞争，又会迫使企业采用更先进的生产技术，改善生产工序、产品质量及提升自身效率，以获取在竞争中的战略效应与先发优势，从而外资进入更可能产生积极的"逃离竞争效应"而非"市场抢占效应"（Görg and Greenaway，2004；沈坤荣、孙文杰，2009；Aghion et al.，2009）。总而言之，正是以上两种正负效应塑造了行业内企业行为的动态过程，但究竟大规模外资进入对企业利润率造成了何种的影响，取决于对两种相反效应的综合考量。若积极的溢出效应居于主导地位，那么外资的大规模进入非但不会降低企业的利润率水平，反而会提升企业的经营绩效。

三、外资进入与企业研发创新

正如上一小节中 FDI 对东道国企业利润率影响机制的探讨，外资进入对企业研发创新的作用同样表现为以下两个方面：一是外商直接投资的大量涌入，通过显著削弱东道国企业既有的市场势力，挤压国内企业的生存空间，降低了企业的市场份额和垄断利润，以致降低了企业的研发创新意愿；二是外商直接投资企业的进入，在加剧产品市场竞争的同时，又会迫使东道国企业采用更加先进的生产技术，创新产品的生产流程与工序，改善产品质量，进而在市场竞争中占领主导地位，此时，外资进入将带来积极的"逃离竞争"效应（Görg and David，2004；Aghion et al.，2005，2009）。Aitken 和 Harrison（1999）利用委内瑞拉企业面板数据的研究发现，FDI 实际上对委内瑞拉国内企业的研发有负面影响。Aghion 等（2005）运用英国 FDI 企业数据，指出外资进入对东道国企业具有积极的"逃离竞争效应"，整体上，外资进入促进了英国企业创新能力的提升，并且这一正向影响取决于企业与前沿技术水平的距离，对于与前沿技术差距较小的企业，表现出显著的促进作用，而差距较大的企业，外资进入则抑制了企业创新能力提升。

随着中国不断深入的改革开放和持续推进的外资自由化进程，众多学者基于行业、省级层面数据对我国外资进入与技术进步、研发创新能力的关系进行了全面的探讨，研究均指出了 FDI 对研发创新正向的促进效应（江小涓，2002；冼国明和严兵，2005；潘文卿，2003；王红领等，2006；李晓钟和张小蒂，2008；邢斐和张建华，2009）。江小涓（2002）和姚树洁等（2006）的研究发现，外资进入对于整体的技术进步、研发创新和产业结构升级等方面存在积极的促进作用。冼国明和严兵（2005）基于省级数据验证了外资进入对我国创新能力的积极溢出效应。

然而，早期关于 FDI 与创新的研究，多是从行业、省份或是地区层面进行考察，鲜有对企业微观个体决策的探讨。范承泽等（2008）基于世界银行对中国企业调查数据的研究指出，本企业外商直接投资份额的增加抑制了该企业在研发创新方面的投入与支出；而行业内外商直接投资有利于企业的研发投入，但总体来看，外资进入对于企业创新的净效应为负。尹志锋等（2013）同样基于世界银行调查数据，通过对实际和名义知识产权保护的构建，发现对知识产权保护力度越大，FDI 对东道国企业研发创新产出的提升力度也越大。杜威剑和李梦洁（2016）利用 2005~2007 年中国工业企业微观数据，运用倾向得分匹配方法和倍差法，系统地考察了外资进入对我国企业研发创新的微观影响。研究发现，外商直接投资会激发非研发企业的产品创新活动，但当外资进入规模达到并购水平后，其将对企业研发创新产生负面效应。罗伟和葛顺奇（2015）的研究进一步指出，跨国公司进入全面抑制了我国企业的自主研发，对企业自主研发创新产生了显著的负面效应，并且这一效应随着外资进入程度的增加表现出递增的趋势。梳理既有研究，我们可以发现，在外商直接投资与企业研发创新的关系上，学者并未达成一致的见解，仍有待于继续深入探讨。

本章小结

本章在回顾相关文献的基础上，首先，对外商直接投资理论的演进及其在我国的发展进行追溯，归纳了 FDI 理论演进脉络，阐述了发展中国家吸收与利用 FDI 的研究现状，为深入开展本书研究奠定了理论基础。其次，通过归纳总结既有文献，本章从市场势力波动、技术溢出效应和福利变动效应三个方面界定了外资进入的市场效应，概述了 FDI 对我国相关产业市场运行的相关研究，厘清了外资进入带来的影响效应与结果。最后，围绕研究主题，本章分别从企业间资源配置效率、企业利润率与企业研发创新三个方面对外资进入研究的代表性成果进行了归纳，总结了当前我国外商直接投资相关研究的方向和基本观点。

通过国内外研究文献可以发现，学者对 FDI 的市场效应及 FDI 对我国制造业行业与企业绩效的影响进行了长期的、多角度的深入考察，形成了比较系统的理论体系，取得了较为丰富的研究成果。尽管既有研究对我们理解外资进入的影响效应以及引资的得失利弊等相关问题提供了重要的参考与依据，但这些文献仍然存在一定的局限性。

（1）鲜有外资进入与企业间资源配置效率的探讨。一国整体效率水平不仅来源于企业自身效率水平，而且也取决于企业间的资源配置效率。然而，既有文献多是从企业自身生产效率方面，就外资进入对中国经济增长的微观影响机制进行实证考察，却忽视了企业间资源配置效率的重要性，以及外资进入引致资源再配置，从而对经济增长产生的影响与作用机制。

（2）忽视了外资进入与企业利润率的考察。利润率是企业立足于市场的根本，是企业提升绩效与从事研发创新的动力源泉。既有文献并未对外资进入与中国制造业企业利润率进行深入的探讨与剖析，忽视了利润率这一企业绩效最直观表现的重要作用，从而难以准确全面地揭示外商直接投资的真实影响。

（3）对企业研发创新的研究尚未达成一致。梳理既有研究不难发现，在关于外商直接投资与企业研发创新关系研究上，尚未达成统一的共识，有待于继续深入探讨。鉴于此，本书试图从技术距离的视角，重新审视二者之间关系，以期深化对这一问题的考察，并对完善中国外资进入与企业绩效的研究做出些许贡献。

第三章

外资进入与制造业
资源配置效率

外资进入带来的市场竞争究竟是改善抑或加剧了企业间的资源错配程度？其是如何作用于中国企业间资源配置效率，进而影响中国经济增长？为对此问题给予解释，本章首先对外资进入与中国制造业资源配置效率的影响进行初步分析，随后在一系列稳健性检验的基础上，从要素资源配置与市场竞争结构的非对称性视角进行解释说明，阐述了外资进入导致资源错配的机制途径。具体而言，从引进外资的国内市场精准导向视角，以2002年外资准入管制的政策调整作为准自然实验，通过对比2002年与1997年的《外商投资产业指导目录》，识别出处理组与对照组行业，并采用双重差分法全面、系统地考察了国内市场导向下外资进入的市场竞争效应对企业间资源配置效率的影响。这里双重差分方法的选用能够有效控制已有研究在回归过程中存在的内生性问题，从而可以更为准确地识别外资进入对企业间资源配置效率的影响，保证研究结论的可靠性。

本章第一节就研究外资进入的行业识别进行了详细说明；第二节为计量模型设定部分；第三节为实证回归结果与分析；第四节进一步探讨了其背后的影响机制；最后为本章小结。

第一节　国内市场导向与外资准入政策

积极引进与切实利用外资，是我国对外开放政策的重要内容。自改革开放以来，我国在引进外资方面取得了长足发展，但重引进、轻管理、效益不高、技术含量低等问题也随之而来，如何有效地管理与规范外商直接投资，精准导向外资进入方式与流向，成为摆在我国政府面前亟待解决的现实问题。为了更好地指导外商来华投资方向，使外商直接投资与我国经济与社会发展规划相适应，1987年，国务院办公厅转发了国家计委颁布的《关于〈指导吸收外商投资方向暂行规定〉的通知》，奠定了我国将依据明确法规、指导外商投资国民经济产业的初步尝试与基础。

为进一步优化外商投资产业结构，经国务院批准，1995年6月，原国家计划委员会、原国家经济贸易委员会以及原国家对外贸易经济合作部联合发布了《指导外商投资方向暂行规定》与《外商投资产业指导目录》（以下简称《指导目录》），这是我国首次以法规形式，明确对外规定了鼓励、限制、禁止外商在华投资的产业领域与范围。1995年版《指导目录》的实施开启了我国依据具体法规，全面管理、规范和引导外商直接投资的新模式，对于增加外商投资产业政策的透明度，引导外资投资于我国急待发展的产业，全面拓宽外商直接投资领域，进而促进我国国民经济发展起到了关键性作用。此后，为适应国内外经济发展形势的变化，我国政府分别于1997年、2002年、2004年、2007年、2011年和2014年对《指导目录》进行了修订，其中每一次的修订都是基于上一版本的调整与改进。

在历次《指导目录》的修订中，修订幅度最大的一次是在我国加入世界贸易组织后的2002年，这次《指导目录》的修订是在1997年版《指导目录》基础上的再次调整与完善。相较于1997年，2002年版《指导目录》总条目共371条，受到鼓励的产业由186条增加到262条，限制类条目由112条减少到75条，可见，大量原来受到禁止和限制的行业被调整为限制和受鼓励的行业，该版《指导目录》的调整明显提高了我国对外商来华直接投资的开放程度，加强了对外商直接投资的方向性指导。

在保持我国引导外商直接投资产业政策连续性与稳定性的基础上，为配合国家宏观经济调控政策的变化，2004年国家发改委和商务部对《指导目录》进行了又一次修订，取消了在钢铁、水泥、电解铝等领域的鼓励类政策。然而，考虑到 2004 年《指导目录》的修订幅度与 2002 年相比几乎没有变化，并结合 1998~2007 年的中国工业企业数据，本书将 2002 年《指导目录》的修订作为外生的政策冲击，以考察外资进入的市场效应对我国制造业企业绩效的影响。①

《外商投资产业指导目录》将外商投资产业划分为鼓励、允许、限制和禁止四个类别，其中目录明确列示了鼓励、限制与禁止的行业类别，未注明的行业则为既不鼓励也不限制或禁止的允许行业，即允许外商进行投资的产业。由于《指导目录》的行业划分标准我国国民经济行业分类标准（CIC）并不一致，因此，本书与 Lu 等（2017）的做法一致，通过对比 2002 年与 1997 年的《指导目录》，从而识别出发生改变的产品或行业，并将其与国民经济行业分类标准逐一进行对接。具体过程如下：

首先，我们详细对比了 2002 年与 1997 年的《指导目录》，若行业准入管制有所放松，则定义该产品或行业为受到政策鼓励的行业，例如，某一产品或行业的外资进入管制由 1996 年的禁止转变为限制、允许或鼓励，由限制转变为允许或鼓励，由允许转变为鼓励，均表明外资进入管制放松，该行业为鼓励外资进入行业；若准入管制有所收紧，则定义为受到限制的行业，例如，某一产品或行业由鼓励变为允许、限制或禁止，由允许变为限制或禁止，由限制变为禁止，均表明外资进入管制加强，该行业在 2002 年为限制外资进入行业；若行业准入管制并未发生改变，则为无变化行业。

其次，由于《指导目录》的行业划分标准同国民经济行业分类标准并不一致，我们将《指导目录》中的行业与国民经济行业分类标准 4 分位行业对接。在此过程中，会出现一个 4 分位行业对应多个《指导目录》中的子行业或产品。如果 4 分位行业中的一个或多个子行业均受到政策鼓励，我们则将

---

① 我们详细对比了 2004 年和 2002 年《外商投资产业指导目录》（详见附录 C），与 Lu 等（2017，JIE）一致，2004 年《指导目录》仅在鼓励与允许外商投资产业目录中，有 15 条目录（分属 11 个 4 分位行业）发生了轻微变化，而限制与禁止外商投资产业目录中并未发生任何变化。因此，相较于 2002 年，2004 年《指导目录》只是在原有的产业目录内进行微调。

该行业定义为受鼓励行业；如果 4 分位行业中的一个或多个子行业均受到限制则定义为受限制行业；如果 4 分位行业中的子行业均未发生变化则定义为无变化行业。此外，如果 4 分位行业同时存在上述三种情况，则定义为混合行业。

最后，经过匹配，在 482 个制造业行业（4 分位）中，本书识别出 131 个行业为政策鼓励行业，326 个行业为无变化行业，18 个政策限制的行业，7 个混合行业，与 Lu 等（2015）的匹配结果基本一致。①

第二节　计量模型设定与数据说明

考察外资进入的市场竞争效应对企业间资源配置效率的影响，所面临的首要问题就是如何识别外资企业的市场进入。已有文献主要采用行业内外资企业数目、就业人员占比和销售份额等度量外资进入程度（邵敏和包群，2012；李磊等，2015）。显然，利用实际进入的外资企业考察其对企业间资源配置效率的影响，存在着明显的样本选择问题。也就是说，当政府放开行业的外资准入管制之后，外资企业可以选择进入，也可以选择不进入，如果外资企业的市场进入同行业内的资源配置效率相关，则会造成样本选择问题，导致有偏的估计结果。为此，本书借鉴 Lu 等（2015）的做法，以 2002 年修订的《外商投资产业指导目录》为外生的政策冲击，采用双重差分方法考察了外资进入带来的市场竞争对中国企业间资源配置效率的影响。相较于实际进入的外资企业而言，外资进入的产业管制政策存在明显的外生性，从而可以较好地控制既有研究可能产生的样本选择问题，确保了本书研究结果的可靠性。

---

① Lu 等（2017）匹配的结果为：113 个鼓励行业，300 个无变化行业，7 个限制行业，5 个混合行业，共计 425 个 4 分位行业。

一、模型设定与变量说明

本书以 2002 年外资准入管制的政策调整作为外生政策冲击，采用双重差分法考察外资进入带来的竞争效应对企业间资源配置效率的影响。借鉴 Lu 和 Yu（2015）的做法，我们构建了多期的双重差分模型，具体模型设定如下：

$$Misallocation_{it} = \alpha_i + \beta FDI_i \times Post_t + \lambda_t + Controls + \varepsilon_{it} \qquad (3-1)$$

其中，下标 i 表示国民经济行业分类标准的 4 分位行业；下标 t 表示 1998~2007 年的样本年份。交叉项 $FDI_i \times Post_t$ 为本书的核心解释变量。FDI_i 表示外资进入行业的虚拟变量，如果行业的外资管制政策在 2002 年为鼓励进入，则 $FDI_i = 1$ 为处理组；反之，如果行业的外资管制政策在 2002 年并未发生变化，则 $FDI_i = 0$ 为对照组。$Post_t$ 为政策冲击的年份虚拟变量，若年份在 2002 年及其之后，则 $Post_t = 1$，反之 $Post_t = 0$。β 为本书核心解释变量的估计系数，如果 $\beta < 0$ 且显著，则表明外资进入带来的市场竞争改善了企业间的资源配置效率，反之则意味着行业内外资的进入恶化了资源配置效率，加剧了企业间的资源错配程度。

被解释变量为 $Misallocation_{it}$，表示行业 i 在 t 期的资源错配程度，用行业内生产率分布来衡量。关于资源配置效率的测算，部分研究采用企业库存调整作为代理指标（毛其淋和王凯璇，2023）。Hsieh 和 Klenow（2009）研究指出，在非完全竞争的市场环境下，如果生产要素配置并不存在扭曲，那么高生产率企业将会兼并或挤出生产率较低的企业，以市场竞争的方式提高整体的生产率水平，最终均衡条件下所有企业的生产率水平将是相等的，生产率分布趋于集中；反之，如果生产要素的配置效率扭曲越严重，则企业间的生产率分布就越分散。因此，本书借鉴（Hsieh and Klenow，2009；孙浦阳等，2013）的研究，以行业内生产率分布的离散程度衡量企业间资源配置效率。

在企业生产率的估算上，最为常用的方法是构建 C-D（Cobb-Douglas）生产函数，并采用 OLS 方法进行估计。但正如余淼杰（2011）指出，企业可以通过观测到生产率变动，适时地调整生产决策，即企业全要素生产率（*TFP*）与要素投入之间存在内生性问题。并且，在市场中存活的企业都是生产效率较高的企业，这就会造成样本选择非随机。因此，简单使用 OLS 估计企业生产效率会导致同步偏差以及选择性偏差问题。

鉴于此，本章主要采用半参数的 OP 方法（Olley and Pakes，1996）测算企业生产率，以较好地控制由企业进入与退出导致的样本选择性偏差。[①] 同 Syverson（2004）、Hsieh 和 Klenow（2009）、聂辉华和贾瑞雪（2011）、孙浦阳等（2013）、蒋为（2016）一致，采用行业内生产率分布的标准差、95-05 分位数差、90-10 分位数差和 75-25 分位数差作为生产率离散程度的代理变量，并以行业生产率均值对其进行标准化处理。具体表示为：

$$Misallocation_{it}^{sd} = \frac{tfp_{it}^{sd}}{tfp_{it}^{mean}} \qquad\qquad (3-2)$$

$$Misallocation_{it}^{95-05} = \frac{(tfp_{it}^{95} - tfp_{it}^{05})}{tfp_{it}^{mean}} \qquad\qquad (3-3)$$

式（3-2）中，$Misallocation_{it}^{sd}$ 表示以行业内生产率标准差度量的资源错配程度，tfp_{it}^{sd} 表示 t 时期 i 行业内生产率的标准差，tfp_{it}^{mean} 表示 t 时期 i 行业内企业全要素生产率的平均值。式（3-3）中，$Misallocation_{it}^{95-05}$ 表示以分位数差度量的行业内生产率分布，进而刻画资源错配程度。具体为生产率的 95 分位数 tfp_{it}^{95} 与 5 分位数 tfp_{it}^{05} 的差值，再除以行业平均生产率。依次类比，我们同样构造了 90-10 分位数差和 75-25 分位数差来度量生产率分布的离散程度。

表 3.1 详细列示了外资准入管制政策调整前（1998~2001 年）和调整后（2002~2007 年），处理组与对照组行业生产率分布的统计特征。从均值来看，无论是处理组还是对照组行业，各指标衡量的生产率离散程度在政策调整后均有所下降，表明我国制造业行业平均的生产率离散程度逐渐降低，这

---

① 附录中对 OP 方法和 LP 方法测算的企业全要素生产率进行了简要统计说明。

与聂辉华和贾瑞雪（2011）、蒋为（2016）的研究发现一致。

表3.1 生产率分布的统计特征

变量	样本类别	政策调整前（1998~2001年）			政策调整后（2002~2007年）		
		样本量	均值	标准差	样本量	均值	标准差
标准差	处理组	372	0.332	0.040	546	0.299	0.040
	对照组	952	0.313	0.048	1384	0.274	0.050
95-05 分位数差	处理组	372	1.085	0.141	546	0.990	0.134
	对照组	952	1.032	0.153	1384	0.909	0.169
90-10 分位数差	处理组	372	-0.143	0.130	546	-0.240	0.150
	对照组	952	-0.206	0.172	1384	-0.340	0.206
75-25 分位数差	处理组	372	-0.761	0.170	546	-0.859	0.173
	对照组	952	-0.840	0.217	1384	-0.978	0.230

注：笔者整理汇编，数据来源于1998~2007年中国工业企业数据库。

Controls 为其他控制变量：本书借鉴 Gentzkow（2006）以及 Lu 和 Yu（2015）的做法，加入了行业层面2001年新产品产值比重（*Npr*）、出口密集度（*Gex*）、平均就业人数（*Lnem*）和企业平均年龄（*Avage*）与政策冲击变量 *Post* 的交叉项，用以控制处理组和对照组可能存在的系统性差异；[①] 参考 Lu 和 Yu（2015）的做法，加入行业层面的国有企业份额（*Soeshare*）和行业平均关税（*Tariff*），用以控制样本时期内国企改革和贸易自由化对行业生产率分布的影响。具体的统计描述见表3.2。

表3.2 变量的描述性统计

变量	变量名称	样本年份	均值	标准差	最小值	最大值	样本量
FDI×Post	外资准入政策	1998~2007	0.168	0.374	0	1	3254
Npr	新产品产值比重	2001	0.081	0.095	0	0.533	332
Gex	出口密集度	2001	0.221	0.214	0	0.879	332
Lnem	平均就业人数	2001	5.513	0.581	4.288	8.005	332
Avage	企业平均年龄	2001	11.634	4.390	3.750	34.636	332

---

① 行业特征变量的选取详见本章第三节。

续表

变量	变量名称	样本年份	均值	标准差	最小值	最大值	样本量
Soeshare	国有企业份额	1998~2007	0.220	0.222	0	0.997	3254
Tariff	行业平均关税	1998~2007	14.095	9.827	0	80	3254

注：笔者整理汇编，数据来源于 1998~2007 年中国工业企业数据库。

此外，计量模型（3-1）中，α_i 为行业虚拟变量，用以控制行业层面不随时间变化的其他因素；λ_t 为时间虚拟变量，用以控制时间维度的宏观经济冲击。此外，为控制潜在的异方差和序列相关问题，本书参照 Bertrand 等（2004）的做法，在行业层面进行聚类得出稳健标准差。

二、平行趋势假设

双重差分思想隐含着一个重要的前提假定，即在政策冲击发生之前，处理组和对照组理应具有相同的演变趋势。也就是说，在外资准入管制政策调整的 2002 年之前，本书处理组与对照组的生产率分布应该具有相同的变化趋势。为此，我们分别从生产率分布的标准差、95-05 分位数差、90-10 分位数差和 75-25 分位数差方面，就本书处理组和对照组的演变趋势进行刻画。① 根据图 3.1 可知，在外资进入管制政策调整（2002 年）之前，处理组和对照组生产率分布的演变趋势基本是一致的，而在调整之后，两组生产率分布的演变趋势才产生分化。这说明本书选取的处理组和对照组满足双重差分法的平行趋势假设，计量模型选用得当。此外，由图 3.1 可以看到，无论是处理组与对照组，生产率分布的演变趋势都是逐年下降的，这与聂辉华和贾瑞雪（2011）、蒋为（2016）的研究发现一致，我国制造业行业平均的生产率离散程度逐年降低。进一步地，2002 年之后，相较于对照组，处理组生产离散程度要显著高于对照组，初步表明外资进入扩大了行业内生产率分布，恶化了企业间资源配置效率。

---

① 在该部分及之后的实证部分中，本书均对度量生产率分布的各指标进行对数化处理。

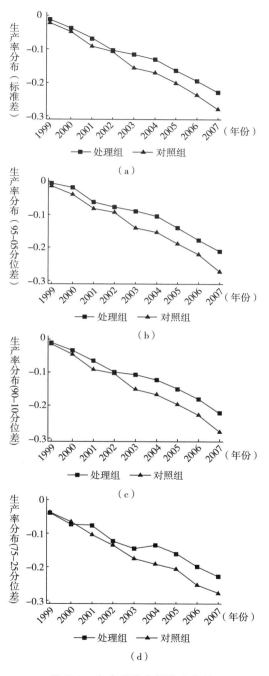

图 3.1 生产率分布的演变趋势

三、数据来源与说明

本书使用的微观企业数据主要来自 1998~2007 年中国工业企业数据库。该数据库由国家统计局建立，收集汇编了全部国有企业以及年销售额在 500 万元以上的非国有企业数据，并提供了微观企业层面的详细信息，如企业所处地区、所属行业、成立年份、中间品投入、总产值、总销售额、固定资产、雇员人数等一百多个指标与变量。该数据库为研究中国制造业企业问题提供了翔实的数据基础，但也面临着繁重的数据匹配与处理工作。因此，在使用中国工业企业数据库之前，我们对该数据作出如下基本处理：

（1）工业企业数据库中存在大量的企业重组、改制或者兼并行为，此时，原始数据中企业的法人代码也随之发生变化，为了较为准确地识别出企业的改制行为，借鉴 Brandt 等（2012）采用企业的法人代码、企业名称、法人名称、地区代码、行业代码、成立年份、地址和主要产品名称，重新构建面板数据，并生成了新的企业识别代码。

（2）使用该数据库时，对于资本的准确度量是个关键问题。借鉴 Brandt 等（2012）在估算企业实际资本存量时，采用永续盘存法予以估算，并删除企业员工人数少于 8 人的观测样本。

（3）借鉴 Cai 等（2009）对样本进行了筛选与甄别，具体地，在样本数据处理时，删除企业总资产、净固定资产、销售额、工业总产值等经营指标中任一项为缺失值、负值或者 0 值的企业样本；借鉴 Feenstra 等（2014）对不符合通用会计准则标准的观测样本进行处理，即删除企业样本中流动资产大于总资产、总固定资产大于总资产的样本，删除企业识别代码缺失的样本。

（4）由于部分国有企业的注册类型为私营企业或外资企业，借鉴 Hsieh 和 Song（2015）的做法，根据企业的控股情况和注册资本，将国有绝对控股企业和国有注册资本大于 50% 的企业定义为国有企业，其他企业则根据企业的注册类型和注册资本（是否大于 50%）定义所有制类型。

（5）我国在 2002 年颁布了新版本的《国民经济行业分类》标准，并于 2003 年开始实施这一新的行业分类代码，因此，借鉴 Brandt 等（2012）依据新的行业分类代码对企业数据重新调整，实现标准化统一。此外，各县和各地级市代码在 2004 年之前有几次较大的幅度变动与调整，特别是在 1998～2003 年调整稍微频繁，本书根据国家统计局提供的地区行政代码，按照 2004 年的地区代码划分标准进行了标准化处理。

（6）中国工业企业数据库中缺失 2004 年的工业总产值指标，导致无法对企业全要素生产率进行测算，鉴于此，在处理数据时，采用 2004 年经济普查数据库中的工业总产值指标来填补这一缺失值。

第三节　实证分析

外资进入带来的市场竞争究竟是改善抑或是恶化了企业间的资源配置效率？本节中，我们将就这一问题予以细致探讨。具体地，我们首先采用普通最小二乘法（OLS）进行初步考察；其次，本章从 2002 年外资准入管制政策调整这一外生的政策冲击着手，采用双重差分法，在有效控制内生性问题的基础上，考察外资大规模进入对我国企业间资源配置效率的影响，得出基准研究结论，并从多方面就我们的研究结论给予稳健性检验。

一、OLS 初步回归分析

我们首先采用普通最小二乘法（OLS）就外资进入对我国企业间资源配置效率的影响进行初步考察。本书借鉴 Javorcik（2004）、罗伟和葛顺奇（2015）及 Lu 等（2017）的做法，以企业销售额作为权重，对行业中所有企业的外资份额进行加权平均，进而得到加权平均后的行业外资份额，来表示行业实际外资进入程度。具体表达式如下：

$$FDI\_Sector_{it} = \frac{\sum_{f \in \Delta it}(FDI\_Firm_{fit} \times Sale_{fit})}{\sum_{f \in \Delta it}Sale_{fit}} \qquad (3-4)$$

其中，Δit 表示行业 i 在时期 t 内所有企业的集合，FDI_Sector_{it} 为行业内外资进入程度，FDI_Firm_{fit} 为行业 i 内企业 f 在时期 t 外商资本金占企业实收资本的比重，$Sale_{fit}$ 为行业 i 内企业 f 在时期 t 的销售额。

基于此，我们采用普通最小二乘法分别就行业实际外资进入程度对生产率分布的标准差、95-05 分位数差、90-10 分位数差和 75-25 分位数差进行实证回归，以初步考察实际外资进入对我国制造业企业间资源配置效率的影响。其中，我们控制了行业与年份固定效应，以吸收行业层面不随时间变化的其他因素以及时间维度的宏观经济冲击。根据表 3.3 的回归结果可以看到，实际外资进入程度（FDI_Sector）的估计系数显著为正，表明外资进入明显扩大了行业内的生产率分布，恶化了企业间的资源配置效率。

表 3.3　OLS 初步回归结果

变量	（1）	（2）	（3）	（4）
	标准差	95-05 分位	90-10 分位	75-25 分位
FDI_Sector	0.0921 **	0.0945 **	0.1420 ***	0.1526 ***
	（0.031）	（0.041）	（0.009）	（0.003）
行业固定效应	YES	YES	YES	YES
年份固定效应	YES	YES	YES	YES
样本数	3254	3254	3254	3254
可调整 R^2	0.488	0.393	0.364	0.262

注：①括号内为回归系数的相伴概率，基于行业层面聚类稳健标准差计算所得；② * 表示 10% 的显著性水平，** 表示 5% 的显著性水平，*** 表示 1% 的显著性水平。

二、双重差分法的基准回归结果

采用实际的外资进入程度考察其对企业间资源配置效率的影响，存在明显的样本选择问题，即外资企业的市场进入可能与行业内的资源配置效率相关，从而导致有偏的估计结果。因此，为控制回归中内生性问题对本书研究结论的干扰，我们以 2002 年外资准入管制的政策调整作为准自然实验，采用双重差分法就外资进入对企业间资源配置效率的影响进行实证分析。

双重差分法模型的设定要求政策冲击满足随机性条件。值得注意的是，现实经济政策中完全满足随机性的政策冲击相对较少，真正意义上的随机性冲击更多地体现在自然灾害或者人为的随机实验方面。同样，我国政府在 2002 年对《指导目录》的大幅调整并不是完全随机决定的，而是依据宏观调控目标以及行业发展情况来决定外资进入的行业管制，这就使本书的处理组与对照组可能存在一定程度的样本选择偏差。为此，借鉴已有研究 Gentzkow（2006）、Lu 和 Yu（2015）的做法，本章在回归中加入 2001 年的行业特征变量与政策冲击变量 Post 的交叉项，用以控制可能存在的样本选择偏差。这一做法的思路分析为：考虑到经济政策冲击的非随机性，首先考察哪些因素会影响到经济政策的设定，从而在计量模型中加入这些影响因素，以此控制这些因素对政策冲击的影响，使经济政策冲击满足条件随机性，保证了计量模型的有效性。因此，我们就控制变量的选取给予详细的说明。

（一）控制变量的选取

我国政府在 2002 年对《指导目录》的大幅调整并不是完全随机决定的，而是依据宏观调控目标以及行业发展情况来决定外资进入的行业管制，这就使本书的处理组与对照组可能存在一定程度的样本选择偏差。借鉴 Lu 和 Yu（2015）与 Lu 等（2017）的做法，我们选取可能影响 2002 年外资准入政策调整的行业特征变量予以控制，具体包括如下：新产品产值（Npr：行业内新产品产值与总销售额比值）、出口密集度（Gex：行业内出口额与总销售额比值）、补贴额度（Subsidy：行业内补贴额占总销售额的比值）、企业数目（Lnfnumber：行业内企业数目的对数值）、平均年龄（Avage：行业内企业的平均年龄）、平均就业人数（Lnem：行业内平均就业人数的对数值）、平均工资（*Lnwage*：行业内平均工资的对数值）、民营企业市场份额（*Othershare*：民营企业销售额与行业内总销售额比值）、民营企业利润率（*Profit*：民营企业利润与行业内总利润比值）。借鉴 Lu 等（2017），我们将这些行业特征变量设定在政策调整前一年（2001 年），并将其与外资进入的虚拟变量（*Treatment*）进行 Probit 模型回归。回归结果见表 3.4。可以看到，行业新产品产值、出口密集度、平均年龄和平均就业人数对 2002 年外资准入政策的调整具有显著影响，而其余变量的影响并不显著。

此外，为考察行业生产率离散程度与外资准入政策可能存在的逆向因果关系，在表 3.4 第（2）~第（5）列中，我们依次加入度量行业生产率分布的各指标予以分析。回归结果显示，行业生产率分布各指标的系数均不显著，表明外资准入政策的调整并不会受到行业生产率离散程度的反向影响，且行业新产品产值、出口密集度、平均就业人数、平均年龄仍保持显著。

表 3.4　行业特征变量的估计结果

变量	（1）Probit Treatment	（2）Probit Treatment	（3）Probit Treatment	（4）Probit Treatment	（5）Probit Treatment
Npr	3.8129***	3.5588***	3.6740***	3.5981***	3.6061***
	(0.000)	(0.000)	(0.000)	(0.000)	(0.000)
Gex	−1.1787***	−1.0245**	−1.0800***	−1.0643***	−1.0323**
	(0.002)	(0.012)	(0.008)	(0.009)	(0.011)
Subsidy	−18.8823	−16.8134	−17.3361	−17.7365	−18.1048
	(0.222)	(0.283)	(0.266)	(0.262)	(0.255)
Lnfnumber	0.0981	0.0926	0.0863	0.0913	0.0956
	(0.130)	(0.158)	(0.187)	(0.162)	(0.145)
Avage	−0.0511**	−0.0593**	−0.0579**	−0.0557**	−0.0559**
	(0.029)	(0.018)	(0.017)	(0.022)	(0.025)
Lnem	0.2756*	0.2797*	0.2786*	0.2811*	0.2773*
	(0.073)	(0.070)	(0.069)	(0.067)	(0.072)

续表

变量	（1）	（2）	（3）	（4）	（5）
	Probit Treatment	Probit Treatment	Probit Treatment	Probit Treatment	Probit Treatment
Lnwage	0.1806	0.1295	0.1405	0.1475	0.1363
	(0.545)	(0.668)	(0.643)	(0.624)	(0.647)
Othershare	−0.5280	−0.3630	−0.3876	−0.4049	−0.3239
	(0.508)	(0.648)	(0.627)	(0.615)	(0.685)
Profit	0.2155	0.1860	0.2052	0.1946	0.1750
	(0.468)	(0.507)	(0.481)	(0.501)	(0.521)
标准差		0.8162			
		(0.115)			
95-05 分位数差			0.6025		
			(0.253)		
90-10 分位数差				0.5387	
				(0.223)	
75-25 分位数差					0.6080
					(0.141)
样本数	397	397	397	397	397
Pseudo R^2	0.129	0.134	0.131	0.132	0.134

注：①括号内为回归系数的相伴概率，基于行业层面聚类稳健标准差计算所得；② * 表示 10% 的显著性水平，** 表示 5% 的显著性水平，*** 表示 1% 的显著性水平。

因此，考虑到外资管制政策调整的样本选择问题，我们借鉴 Gentzkow（2006）以及 Lu 和 Yu（2015）的做法，在回归模型中加入了行业层面 2001 年新产品产值比重（*Npr*）、出口密集度（*Gex*）、平均就业人数（*Lnem*）和企业平均年龄（*Avage*）与政策冲击变量 *Post* 的交叉项，用以控制处理组和对照组可能存在的系统性差异。

（二）基准回归

在前文铺垫的基础上，该部分采用双重差分法分别就外资进入与生产率分布的标准差、95-05 分位数差、90-10 分位数差和 75-25 分位数差进行实证回归。表 3.5 报告了模型（3—1）的基准回归结果，其中第（1）、（3）、（5）、（7）列仅控制了企业固定效应和年份固定效应，并未加入其他行业控制变量。我们发现 $FDI{\times}Post$ 的估计系数均显著为正，表明外资进入带来的市场竞争，提高了行业内生产率分布的离散程度，加剧了企业间的资源错配。在此基础上，我们在第（2）、（4）、（6）、（8）列中加入了行业层面 2001 年新产品产值比重（Npr）、出口密集度（Gex）、平均就业人数（$Lnem$）和企业平均年龄（$Avage$）与政策冲击变量 $Post$ 的交叉项，用以控制初步回归中可能存在的样本选择问题。在控制了样本选择问题之后，我们发现 $FDI{\times}Post$ 的估计系数同样均显著为正，这一结果再次表明，外资进入带来的市场竞争，确实明显加剧了企业间的资源错配。

表 3.5　基准回归结果

	（1）	（2）	（3）	（4）	（5）	（6）	（7）	（8）
	标准差		95—05 分位		90—10 分位		75—25 分位	
$FDI{\times}Post$	0.0311***	0.0249***	0.0397***	0.0266**	0.0369***	0.0281**	0.0398***	0.0372***
	(0.001)	(0.006)	(0.001)	(0.018)	(0.001)	(0.016)	(0.001)	(0.002)
$Npr{\times}Post$		−0.0084		0.0632		0.0266		−0.0422
		(0.851)		(0.233)		(0.647)		(0.484)
$Gex{\times}Post$		−0.0832***		−0.1262***		−0.1039***		−0.0823**
		(0.001)		(0.000)		(0.001)		(0.011)
$Lnem{\times}Post$		0.0110		0.0117		0.0134		0.0093
		(0.271)		(0.242)		(0.307)		(0.551)
$Avage{\times}Post$		−0.0027*		−0.0029**		0.0001		0.0002
		(0.053)		(0.030)		(0.944)		(0.944)
行业固定效应	YES	YES	YES	YES	YES	YES	YES	YES
年份固定效应	YES	YES	YES	YES	YES	YES	YES	YES
样本数	3254	3254	3254	3254	3254	3254	3254	3254
可调整 R^2	0.489	0.494	0.395	0.406	0.362	0.370	0.261	0.264

注：①括号内为回归系数的相伴概率，基于行业层面聚类稳健标准差计算所得；②* 表示10%的显著性水平，** 表示5%的显著性水平，*** 表示1%的显著性水平。

（三）其他政策因素

本书中外资进入的行业管制调整发生在 2002 年，而在这一时期，中国在 2001 年刚刚加入世界贸易组织（WTO），为兑现入世承诺，我国大幅下调了行业关税水平。与此同时，国有企业刚刚结束了"三年脱困"时期（1998～2000 年），大量国有企业进行了私有化改制，扭转了持续亏损的经营局面。因此，在外资进入管制调整时期，由进口关税下降和国有企业的私有化改制带来的市场竞争，是否会影响到本书估计结果的可靠性？为此，本书参考 Lu 和 Yu（2015）的做法，在表 3.5 基准回归的基础上，进一步加入行业层面的国有企业份额（*Soeshare*）和行业平均关税（*Tariff*），用以控制该时期贸易自由化和国有企业改制对本书回归结果造成的估计偏误。具体的回归结果参见表 3.6。

表 3.6 其他政策因素的回归结果

变量	(1)	(2)	(3)	(4)
	标准差	95-05 分位	90-10 分位	75-25 分位
$FDI \times Post$	0.0245 ***	0.0268 **	0.0273 **	0.0368 ***
	(0.007)	(0.019)	(0.020)	(0.002)
$Soeshare$	0.0132	0.0241	0.0009	−0.0847
	(0.732)	(0.519)	(0.983)	(0.130)
$Tariff$	−0.0003	−0.0000	−0.0005	0.0003
	(0.525)	(0.951)	(0.431)	(0.731)
$Npr \times Post$	−0.0099	0.0596	0.0273	−0.0296
	(0.825)	(0.261)	(0.638)	(0.624)
$Gex \times Post$	−0.0836 ***	−0.1289 ***	−0.1024 ***	−0.0734 **
	(0.001)	(0.000)	(0.001)	(0.028)
$Lnem \times Post$	0.0109	0.0119	0.0131	0.0087
	(0.274)	(0.233)	(0.316)	(0.575)
$Avage \times Post$	−0.0026 *	−0.0027 **	0.0002	−0.0004
	(0.066)	(0.041)	(0.919)	(0.842)
行业固定效应	YES	YES	YES	YES

续表

变量	（1）	（2）	（3）	（4）
	标准差	95-05 分位	90-10 分位	75-25 分位
年份固定效应	YES	YES	YES	YES
样本数	3254	3254	3254	3254
可调整 R^2	0.494	0.406	0.370	0.265

注：①括号内为回归系数的相伴概率，基于行业层面聚类稳健标准差计算所得；② * 表示10%的显著性水平， * * 表示5%的显著性水平， * * * 表示1%的显著性水平。

从表3.6的回归结果可以看出，在控制了国有企业份额和行业关税水平后，$FDI×Post$ 的估计系数同样显著为正，并且对于生产率分布的不同测算指标均是稳健的。这一结果表明，外资进入带来的市场竞争确实扩大了行业内的生产率分布，明显加剧了企业间的资源错配。

三、稳健性检验

上一节中首先采用普通最小二乘法（OLS）得出了外资进入与企业间资源错配的初步结论，并从2002年外资准入管制政策调整这一外生的政策冲击着手，采用双重差分法，在有效控制内生性问题的基础上，得出了外资的大规模进入扩大行业内生产率分布、恶化企业间资源配置效率的基准结论。接下来，我们将从虚设外资进入年份和进入行业、测算指标的再检验以及排除"出口中学习"效应和剔除外资企业的再检验，进一步验证了这一研究结论的稳健性。

（一）虚设外资进入年份

双重差分法的一个重要识别约束条件是，在外资管制政策调整（2002年）之前，处理组和对照组理应满足平行趋势假设，即在2002年之前，处理组和对照组生产率分布的演变趋势基本是平行的，而在2002年政策调整之后，两组生产率分布的演变趋势才产生分化。前文图3.1已对这一趋势假设进行了统计刻画。为进一步验证这一识别条件，本书借鉴 Topalova

（2010）的做法，虚设外资进入年份，从而进行稳健性检验。具体而言，我们选用外资进入管制政策调整（2002年）之前的样本数据（1998~2001年），分别假设外资进入管制政策的调整发生在1999年或2000年，再次进行回归分析。若企业间的资源错配加剧确实是由2002年的外资进入带来的市场竞争所导致，那么，在虚设外资进入年份的回归结果中，$FDI \times Post$ 的估计系数应该是不显著的。具体的回归结果参见表3.7，并且，我们将回归系数的标准误进行了Bootstrap（500次）调整，以确保回归结果的可靠性。

根据表3.7的回归结果我们发现，在对行业生产率分布的标准差和各分位数差的回归中，无论是将外资进入的管制政策虚设为1999年还是2000年，$FDI \times Post$ 的估计系数均不显著。表明2002年外资准入管制政策的调整，确实导致了企业间资源错配程度的加剧。因此，基于虚设政策调整年份的安慰剂检验表明，企业间资源错配的加剧确实是由于外资进入带来的市场竞争所导致，本书的研究结论是稳健的。

表3.7　虚设外资进入年份的估计结果

变量	（1）	（2）	（3）	（4）	（5）	（6）	（7）	（8）
	虚设外资进入管制的政策调整为1999年				虚设外资进入管制的政策调整为2000年			
	标准差	95-05 分位	90-10 分位	75-25 分位	标准差	95-05 分位	90-10 分位	75-25 分位
$FDI \times Post$	0.0093	0.0234	0.0092	-0.0217	0.0141	0.0225	0.0122	0.0012
	(0.489)	(0.152)	(0.605)	(0.361)	(0.242)	(0.108)	(0.413)	(0.952)
Soeshare	0.0600	0.0919	0.0349	-0.0178	0.0629	0.1030	0.0371	-0.0044
	(0.301)	(0.180)	(0.598)	(0.871)	(0.266)	(0.128)	(0.568)	(0.969)
Tariff	0.0048*	0.0041	0.0047	0.0074	0.0051**	0.0042	0.0049*	0.0073
	(0.060)	(0.123)	(0.113)	(0.126)	(0.035)	(0.117)	(0.077)	(0.119)
$Npr \times Post$	0.0542	-0.0130	0.0885	0.1736	0.0124	-0.0206	0.0806	0.1105
	(0.494)	(0.892)	(0.432)	(0.203)	(0.849)	(0.791)	(0.371)	(0.342)
$Gex \times Post$	-0.0049	0.0140	-0.0237	0.0012	-0.0126	-0.0075	-0.0137	-0.0313
	(0.862)	(0.698)	(0.534)	(0.981)	(0.587)	(0.809)	(0.686)	(0.421)

续表

变量	（1）	（2）	（3）	（4）	（5）	（6）	（7）	（8）
	虚设外资进入管制的政策调整为1999年				虚设外资进入管制的政策调整为2000年			
	标准差	95—05分位	90—10分位	75—25分位	标准差	95—05分位	90—10分位	75—25分位
$Lnem \times Post$	0.0004	0.0049	−0.0022	0.0060	0.0068	0.0142	−0.0027	0.0226
	（0.975）	（0.711）	（0.893）	（0.815）	（0.538）	（0.213）	（0.853）	（0.233）
$Avage \times Post$	0.0031	0.0042*	0.0032	0.0000	0.0020	0.0039**	0.0024	0.0004
	（0.106）	（0.054）	（0.270）	（0.992）	（0.290）	（0.049）	（0.323）	（0.881）
行业固定效应	YES	YES	YES	YES	YES	YES	YES	YES
年份固定效应	YES	YES	YES	YES	YES	YES	YES	YES
样本数	1324	1324	1324	1324	1324	1324	1324	1324
可调整 R^2	0.164	0.106	0.103	0.078	0.114	0.102	0.082	0.163

注：①括号内为回归系数的相伴概率，基于行业层面聚类稳健标准差计算所得，并且回归系数的标准差进行了 Bootstrap（500次）调整；② * 表示10%的显著性水平，** 表示5%的显著性水平，*** 表示1%的显著性水平。

（二）虚设政策调整行业

为识别外资进入带来的市场竞争对企业间资源错配的影响，本书细致对比了2002年与1997年的《外商投资产业指导目录》，将行业准入管制有所放松的行业定义为处理组，将行业进入管制未发生任何变化的行业定义为对照组。其中，处理组131个行业，对照组326个行业。接下来，本书将通过更改处理组和对照组中样本行业的选取再次进行安慰剂检验。具体而言，我们从原样本457个行业中随机挑选了131个行业作为处理组，其他326个行业作为参照组，以此为基础再次进行实证检验。换句话说，如果企业间资源错配的加剧确实是由外资进入的行业差异所导致，那么，基于随机抽样的安慰剂检验中，处理组和对照组行业内的生产率分布应该并不存在明显差异。同样，我们将回归系数的标准误进行了 Bootstrap（500次）调整，以确保回归结果的可靠性（见表3.8）。

表 3.8　虚设外资进入行业的估计结果

变量	（1）标准差	（2）95-05 分位	（3）90-10 分位	（4）75-25 分位
FDI×Post	−0.0054	0.0006	−0.0072	0.0012
	（0.467）	（0.938）	（0.443）	（0.921）
Soeshare	0.0125	0.0225	−0.0002	−0.0869*
	（0.632）	（0.440）	（0.994）	（0.060）
Tariff	−0.0004	−0.0001	−0.0005	0.0001
	（0.235）	（0.693）	（0.211）	（0.877）
Npr×Post	0.0240	0.0984**	0.0627	0.0241
	（0.522）	（0.019）	（0.174）	（0.714）
Gex×Post	−0.0907***	−0.1355***	−0.1095***	−0.0826***
	（0.000）	（0.000）	（0.000）	（0.001）
Lnem×Post	0.0135*	0.0140*	0.0155*	0.0117
	（0.067）	（0.076）	（0.065）	（0.304）
Avage×Post	−0.0031***	−0.0032***	−0.0003	−0.0011
	（0.003）	（0.006）	（0.848）	（0.508）
行业固定效应	YES	YES	YES	YES
年份固定效应	YES	YES	YES	YES
样本数	3254	3254	3254	3254
可调整 R^2	0.492	0.404	0.368	0.263

注：①括号内为回归系数的相伴概率，基于行业层面聚类稳健标准差计算所得，并且回归系数的标准差进行了 Bootstrap（500 次）调整；② * 表示 10% 的显著性水平，＊＊表示 5% 的显著性水平，＊＊＊表示 1% 的显著性水平。

根据表 3.8 的回归结果，可以看到，行业生产率分布的标准差和各分位数差对 FDI×Post 的估计均不显著，表明企业间资源错配的加剧确实是由外资进入的行业差异所致，本书的研究结论是稳健的。因此，基于外资进入行业随机抽样的安慰剂检验再次验证了本书研究结论的稳健性。

（三）测算指标的再检验

在资源配置效率的测算上，Hsieh 和 Klenow（2009）研究指出，在非完全竞争的市场环境下，如果生产要素配置并不存在扭曲，那么高生产率企业将会兼并或挤出生产率较低的企业，以市场竞争的方式提高整体的生产率水平，最终均衡条件下所有企业的生产率水平将是相等的；反之，如果生产要素的配置效率扭曲越严重，则企业间的生产率分布就越分散。基于此，Hsieh和 Klenow（2009）通过测算美国、中国、印度三个国家的行业生产率分散程度，度量了这些国家国内的资源配置效率，研究发现中国和印度的生产率分散程度明显大于美国，意味着中国和印度国内面临着更大的市场扭曲。因此，本书同样以生产率分布的离散程度度量资源配置效率，同 Syverson（2004）、Hsieh 和 Klenow（2009）、聂辉华和贾瑞雪（2011）、孙浦阳等（2013）、蒋为（2016）的做法一致，主要采用生产率分布的标准差、95-05 分位数差、90-10 分位数差和 75-25 分位数差进行度量。

此外，在度量分布时，大量文献采用工资分布的基尼系数和泰尔指数来度量工资和收入不平等问题。既然同样是测算分布，为考察本书研究结果的稳健性，我们继续利用泰尔指数和基尼系数测算的企业间生产率分布再次进行实证检验（蒋为，2016）。根据表 3.9 中第（1）列和第（2）列的回归结果，我们发现，*FDI×Post* 的估计系数依然显著为正。这一结果表明，更改生产率分布的测算指标并不会影响本书回归结果，我们的研究结论是稳健性。

表 3.9　测算指标的再检验

变量	（1）	（2）	（3）	（4）	（5）	（6）
			LP			
	基尼系数	泰尔指数	标准差	95-05 分位	90-10 分位	75-25 分位
FDI×Post	0.0290***	0.0533***	0.0295**	0.0272**	0.0384***	0.0436***
	（0.003）	（0.003）	（0.012）	（0.041）	（0.005）	（0.006）
Soeshare	−0.0077	−0.0042	−0.0338	−0.0111	−0.0723	−0.0402
	（0.841）	（0.956）	（0.387）	（0.809）	（0.123）	（0.500）

续表

变量	（1）	（2）	（3）	（4）	（5）	（6）
	基尼系数	泰尔指数	LP			
			标准差	95-05 分位	90-10 分位	75-25 分位
Tariff	−0.0001	−0.0003	0.0006	0.0005	0.0008	0.0009
	（0.786）	（0.770）	（0.271）	（0.441）	（0.195）	（0.249）
Npr×Post	−0.0061	−0.0252	−0.0096	0.0314	0.0131	−0.0548
	（0.893）	（0.773）	（0.887）	（0.664）	（0.880）	（0.557）
Gex×Post	−0.0923***	−0.1925***	−0.1120***	−0.1241***	−0.0900***	−0.1293***
	（0.001）	（0.000）	（0.000）	（0.000）	（0.001）	（0.001）
Lnem×Post	0.0111	0.0263	0.0202*	0.0326**	0.0115	0.0029
	（0.280）	（0.180）	（0.083）	（0.012）	（0.363）	（0.885）
Avage×Post	−0.0013	−0.0034	0.0025	0.0010	0.0036	0.0047*
	（0.399）	（0.226）	（0.211）	（0.659）	（0.106）	（0.052）
行业固定效应	YES	YES	YES	YES	YES	YES
年份固定效应	YES	YES	YES	YES	YES	YES
样本数	3254	3254	3254	3254	3254	3254
可调整 R^2	0.454	0.440	0.059	0.049	0.042	0.033

　　注：①括号内为回归系数的相伴概率，基于行业层面聚类稳健标准差计算所得；②＊表示10%的显著性水平，＊＊表示5%的显著性水平，＊＊＊表示1%的显著性水平。

　　在工业企业数据库中，企业的进入与退出现象较为频繁。由于 OP 方法可以较好地控制企业进入与退出所导致的样本选择性偏差，我们主要以 OP 方法测算的企业生产率衡量资源错配程度。然而，在企业全要素生产的测算上，不同于 Olley 和 Pakes（1996）采用投资额来作为微观企业受到生产率冲击时的可调整变量，Levinsohn 和 Petrin（2003）使用企业的中间投入作为企业面临生产率变化与冲击时的调整变量。因此，为进一步验证本书研究结论的稳健性，接下来，我们采用 LP 方法测算的生产率分布再次进行实证检验，具体的回归结果参见表 3.9 的第（3）~第（6）列。

　　由回归结果可知，以 LP 方法测算的生产率分布在标准差、95-05 分位数差、90-10分位数差和75-25分位数差上均显著为正，因此，表3.9的回归结果再次表明，以LP方法测算的生产率分布同前文的回归结果是一致的，外资进入带来的市场竞争确实明显扩大了行业生产率分布，加剧了企业间的资源错配程度。

（四）出口和外资进入的再检验

由于外资进入的行业管制调整发生在2002年，而在此之前，中国于2001年加入世界贸易组织（WTO），企业出口规模迅速扩张。根据Van Biese-broeck（2005）、De Loecker（2007）和张杰等（2009）的研究发现可知，企业进入出口市场不仅能够有效实现规模经济与范围经济，增加企业的市场份额，而且能够产生"出口中学习"效应，即企业可以通过学习国外先进的生产技术与管理经验促进自身生产效率的提升。考虑到"出口中学习"效应的存在，入世之后的出口规模扩张可能会扩大出口企业与非出口企业间的生产率差距，进而扩大行业内的生产率分布。因此，为控制"出口中学习"效应对本书回归结果的干扰，我们将出口企业删除之后，再次进行实证检验。根据表3.10中第（1）~第（4）列的回归结果可知，删除出口企业样本之后，$FDI \times Post$的估计系数依然显著为正，表明外资进入确实显著扩大了行业生产率分布，加剧了企业间的资源错配程度，且对于纯内销企业也显著存在。这一回归结果进一步证实，即使控制了"出口中学习"效应之后，本书的基准结果仍然是稳健的。

表3.10　其他政策因素的再检验

变量	(1)	(2)	(3)	(4)	(5)	(6)	(7)	(8)
	删除出口企业				删除外资企业			
	标准差	95-05分位	90-10分位	75-25分位	标准差	95-05分位	90-10分位	75-25分位
$FDI \times Post$	0.0199*	0.0257**	0.0238*	0.0267*	0.0240**	0.0299**	0.0280**	0.0331**
	(0.061)	(0.042)	(0.066)	(0.080)	(0.021)	(0.018)	(0.028)	(0.022)
$Soeshare$	0.0039	0.0173	-0.0082	-0.0687	0.0063	0.0025	0.0169	-0.0816
	(0.925)	(0.725)	(0.846)	(0.261)	(0.885)	(0.959)	(0.729)	(0.169)

续表

变量	（1）	（2）	（3）	（4）	（5）	（6）	（7）	（8）
	删除出口企业				删除外资企业			
	标准差	95-05 分位	90-10 分位	75-25 分位	标准差	95-05 分位	90-10 分位	75-25 分位
$Tariff$	−0.0005	−0.0000	−0.0005	0.0003	−0.0003	−0.0001	−0.0003	0.0006
	(0.439)	(0.974)	(0.502)	(0.773)	(0.600)	(0.867)	(0.661)	(0.481)
$Npr×Post$	0.0095	0.0016	0.0105	0.0363	−0.0017	0.0574	0.0241	0.0356
	(0.869)	(0.982)	(0.880)	(0.647)	(0.973)	(0.319)	(0.690)	(0.611)
$Gex×Post$	−0.1116 ***	−0.1174 ***	−0.1347 ***	−0.1254 ***	−0.1429 ***	−0.1856 ***	−0.1836 ***	−0.1350 ***
	(0.000)	(0.000)	(0.000)	(0.002)	(0.000)	(0.000)	(0.000)	(0.002)
$Lnem×Post$	0.0131	0.0178	0.0168	0.0103	0.0152	0.0185	0.0198	0.0140
	(0.311)	(0.183)	(0.240)	(0.521)	(0.192)	(0.122)	(0.177)	(0.387)
$Avage×Post$	−0.0029 *	−0.0025	−0.0003	−0.0014	−0.0028	−0.0041 **	−0.0004	0.0001
	(0.077)	(0.161)	(0.901)	(0.566)	(0.104)	(0.018)	(0.841)	(0.949)
行业固定效应	YES	YES	YES	YES	YES	YES	YES	YES
年份固定效应	YES	YES	YES	YES	YES	YES	YES	YES
样本数	3252	3252	3252	3252	3254	3254	3254	3254
可调整 R^2	0.406	0.300	0.406	0.300	0.458	0.364	0.349	0.259

注：①括号内为回归系数的相伴概率，基于行业层面聚类稳健标准差计算所得；② * 表示 10% 的显著性水平， ** 表示 5% 的显著性水平， *** 表示 1% 的显著性水平。

根据 Helpman 等（2004）、田巍和余淼杰（2012）的研究发现可知，能够开展对外投资的企业往往具有较高的生产效率。那么，外资企业进入是否会直接加大行业内高生产率企业的比重，从而扩大了行业内的生产率分布？为进一步考察外资进入对内资企业间资源错配的影响，我们将外资企业删除后再次进行回归分析。根据表3.10中第（5）～第（8）列的回归结果我们发现，删除外资企业样本之后，生产率分布的标准差与各分位数差对 $FDI×Post$ 的估计系数依然显著为正。由此可知，我们的研究结论是稳健的，外资进入带来的市场竞争明显加剧了企业间的资源错配程度，且这一负面影响对于内资企业也显著存在。

第四节　拓展分析

企业生产效率的分散化现象是普遍存在的，即使在经济市场化程度最高的美国，也同样不置可否，只是在市场经济转型时期的中国更为明显（Syverson，2011；孙浦阳等，2013）。理论而言，在完全竞争的市场环境下，外资的大规模进入势必会加剧东道国的市场竞争程度，激化行业内市场竞争，通过挤出低效率企业，促使要素资源流向高生产率企业，从而改善一国整体的资源配置效率，促进一国经济增长（Syverson，2004；Hsieh and Klenow，2009）。由此分析可知，外资进入带来的市场竞争将会改善中国制造业企业间的资源配置效率，缘何反而加剧了企业间的资源错配程度？对于这一现象，本书认为由于大量国有企业凭借行政保护所形成的所有制优势，使国有企业同其他所有制企业之间存在明显的非对称竞争，扭曲了市场竞争机制的资源配置效率。值得注意的是，在当前我国经济转型时期，大量低效率国有企业非但没有退出市场，反而凭借政府的庇佑与保护，获取大量的补贴与信贷资源，导致生产要素配置在不同所有制企业间存在明显的非对称性。此外，伴随着市场化改革的不断推进与深入，我国下游行业基本实现了自由竞争，主要由民营企业主导，而上游行业则存在明显的国有垄断特征，逐渐形成了"上游行业行政垄断、下游行业自由竞争"的市场结构。这种国有企业与民营企业在市场结构方面的非对称竞争，不仅限制了高效率民营企业的市场进入，还造成上游行业较高的生产成本，继而通过产业间的上下游关联，推高了下游行业的中间品投入价格，阻碍了非国有企业的发展和整体的经济增长（刘小鲁，2005；刘瑞明和石磊，2010，2011；王永进和施炳展，2014；王永进和刘灿雷，2016）。

基于此，为了探讨外资进入恶化我国企业间资源配置效率的机制途径，本节首先从企业生产效率、企业补贴、资本要素配置和上下游行业方面，就国有企业与非国有企业之间的非对称竞争进行刻画说明。在此基础上，我们从生产率分布的分位点回归、国企生产效率、国企市场份额和上游垄断方面，就非对称竞争在扭曲外资进入的市场竞争机制方面进行实证检验。

一、非对称竞争的典型化事实

图 3.2 分别从企业生产效率、企业补贴、资本要素配置和上下游行业方面，就国有企业与非国有企业之间的非对称竞争现象进行刻画。图 3.2（a）刻画了国有企业和非国有企业的生产效率，可以看到，国有企业的生产效率明显低于非国有企业；图 3.2（b）刻画了政府补贴在企业间的配置，可知非国有企业的补贴份额明显低于其市场份额，而国有企业的补贴份额则明显高于其市场份额，这一现象表明在政府补贴方面，国有企业存在明显的所有制优势，国有企业吸纳了较多的不与其市场份额相匹配的补贴额。图 3.2（c）刻画了资本要素在企业间的配置情况，由图可知，相较于非国有企业，国有企业不仅更容易获得信贷资金，占据大量的信贷资源，并且其可以支付较低的借贷成本。由此可以看到，在生产要素配置方面，大量低效率国有企业凭借行政保护，获得大量的补贴与信贷资源，导致生产要素配置在不同所有制企业间存在明显的非对称性。

图 3.2（d）给出了国有企业和非国有企业在上下游行业的分布情况，可以看到，国有企业在上游行业占据的市场份额要明显高于非国有企业，有60%之多，而非国有企业则多位于下游行业中。也就是说，相较而言，下游行业主要由非国有企业所主导，而上游行业仍体现出明显的国有企业主导地位。这一统计描述同刘瑞明和石磊（2010）、王永进和刘灿雷（2016）的研究主张相一致，在市场结构方面，随着市场化改革的不断推进，下游行业基本实现了自由竞争，主要由非国有企业所主导，而在上游行业仍存在明显

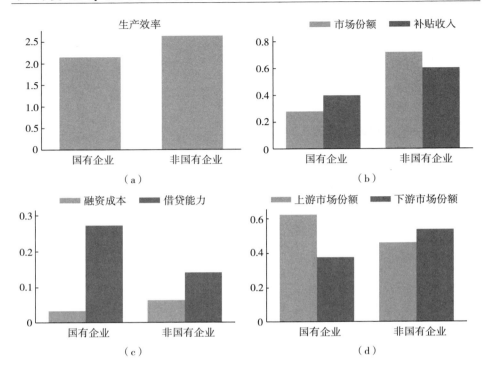

图 3.2 企业间非对称竞争的典型事实

注：图 3.2（a）中的生产效率为国有企业与非国有企业的平均生产率（OP 方法）；图 3.2（b）中市场份额、补贴收入分别为国有企业与非国有企业销售额占总销售额、补贴收入占总补贴的比重；图 3.2（c）中融资成本为企业利息支出占负债总额的比重；[①] 借贷能力为短期借款与总资产的比值；[②] 图 3.2（d）中为国有企业与非国有企业在上、下游行业的市场份额。[③]

资料来源：1998~2007 年的中国工业企业数据库。

[①] 借鉴李志远和余淼杰（2013），采用企业利息支出占负债总额的比重来度量融资成本，其度量一单位负债所需支付的利息，该指标越小，表明融资成本就越低。

[②] 借鉴韩剑和王静（2012），短期借款＝流动负债－应付账款－应付工资－应付福利费－应交税金。由于《工业库》中缺失 2004 年之前应付账款数据，因此仅采用 2004~2007 年的样本予以刻画。采用这一指标的原因在于，当前我国银行贷款仍是各类型企业外部融资的主要渠道，并且为了防范风险，银行对发放长期贷款通常比较谨慎，利率也较高，因此短期借款成为企业外部融资的重要来源（韩剑和王静，2012；钟宁桦等，2016）。

[③] 同 Ju 和 Yu（2015）一致，本书借鉴 Antràs 等（2012）投入产出的分析方法，结合中国 2002 年的投入产出表，构建了行业层面的上游度指标，并以此为基础，将中位数以上的行业定义为上游行业，中位数以下的行业定义为下游行业。具体的测算方法参见下文。

的国有垄断特征，逐渐形成了"上游行业行政垄断、下游行业自由竞争"的非对称市场结构。由此可知，国有企业与非国有企业在市场结构方面也存在明显的非对称竞争。

二、影响机制的进一步分析

在以上非对称竞争典型事实刻画的基础上，本小节我们继续从生产率分布的分位点回归、国企生产效率、国企市场份额和上游垄断方面，就非对称竞争在扭曲外资进入的市场竞争机制方面进行实证检验。

（一）生产率分布

由前文的回归结果可知，外资进入带来的市场竞争扩大了行业内的生产率分布，加剧了企业间的资源错配程度。换句话说，外资进入带来的市场竞争扩大了行业内高生产率企业与低生产率企业间差距。那么，外资进入带来的市场竞争主要是提高了行业内高分位点企业的生产率，还是降低了行业内低分位点企业的生产率？为进一步考察由外资进入导致的市场竞争对不同生产效率企业的异质性影响，接下来，我们将从生产率分布的 5 分位点、10 分位点、25 分位点、50 分位点、75 分位点、90 分位点和 95 分位点分别进行实证检验，具体的回归结果参见表 3.11。

表 3.11　生产率分布的分位点回归

变量	(1)	(2)	(3)	(4)	(5)	(6)	(7)
	5 分位点	10 分位点	25 分位点	50 分位点	75 分位点	90 分位点	95 分位点
$FDI \times Post$	-0.0433 ***	-0.0327 **	-0.0197	0.0121	0.0252	0.0286	0.0281
	(0.003)	(0.041)	(0.175)	(0.438)	(0.114)	(0.120)	(0.173)
$Soeshare$	-0.0825	-0.1340 **	-0.1689 ***	-0.2905 ***	-0.3587 ***	-0.3428 ***	-0.2824 ***
	(0.106)	(0.011)	(0.002)	(0.000)	(0.000)	(0.000)	(0.000)
$Tariff$	0.0004	0.0010	0.0011	0.0021 **	0.0022 **	0.0013	0.0018 *
	(0.666)	(0.274)	(0.240)	(0.032)	(0.037)	(0.217)	(0.066)
$Npr \times Post$	-0.0324	-0.0170	0.0713	0.0491	0.1126	0.1494	0.2515 **
	(0.685)	(0.842)	(0.337)	(0.604)	(0.224)	(0.189)	(0.043)

续表

变量	(1) 5 分位点	(2) 10 分位点	(3) 25 分位点	(4) 50 分位点	(5) 75 分位点	(6) 90 分位点	(7) 95 分位点
$Gex \times Post$	0.2001 ***	0.1238 ***	−0.0191	−0.0875 **	−0.1151 ***	−0.1077 **	−0.1515 ***
	(0.000)	(0.002)	(0.639)	(0.041)	(0.005)	(0.013)	(0.000)
$Lnem \times Post$	−0.0209	−0.0095	0.0144	0.0200	0.0288 *	0.0209	0.0144
	(0.164)	(0.610)	(0.327)	(0.192)	(0.073)	(0.241)	(0.459)
$Avage \times Post$	0.0040 **	0.0059 ***	0.0103 ***	0.0152 ***	0.0157 ***	0.0174 ***	0.0131 ***
	(0.025)	(0.003)	(0.000)	(0.000)	(0.000)	(0.000)	(0.000)
行业固定效应	YES	YES	YES	YES	YES	YES	YES
年份固定效应	YES	YES	YES	YES	YES	YES	YES
样本数	3254	3254	3254	3254	3254	3254	3254
可调整 R^2	0.547	0.646	0.744	0.752	0.708	0.607	0.479

注：①括号内为回归系数的相伴概率，基于行业层面聚类稳健标准差计算所得；② * 表示10%的显著性水平，** 表示5%的显著性水平，*** 表示1%的显著性水平。

根据表 3.11 的回归结果可知，$FDI \times Post$ 的估计系数在低分位点处为负，并且在 5 分位点和 10 分位点均通过了统计显著性检验，系数显著为负；$FDI \times Post$ 的估计系数在高分位点处为正，其中在 75 分位点通过统计显著性检验，系数显著为正。这一结果表明，外资进入带来的市场竞争一方面提高了行业内高生产率企业的生产效率；另一方面进一步降低了行业内低生产率企业的生产效率，由此扩大了制造业行业内的生产率分布，加剧了企业间的资源错配程度。根据 Syverson（2004）、Alfaro 和 Chen（2015）的研究可知，外资进入带来的市场竞争将会通过挤压低生产率企业的生存空间，迫使低效率企业退出，进而提高行业内的平均生产率水平。

然而，在当前中国市场经济转型时期，大量低效率的国有企业凭借行政保护，占据了大量的生产要素，同其他所有制企业之间存在明显的非对称竞争，直接降低了整体的资源配置效率和生产效率（Brandt et al.，2008；刘瑞明和石磊，2010，2011）。因此，我们初步认为，正是由于行政保护下低效率国有企业所导致的非对称竞争现象，扭曲了外资进入带来的市场竞争机制，加剧了企业间的资源错配。为此，本小节将继续从国有企业生产效率、市场份额和上游垄断方面衡量不同所有制企业间的非对称竞争，从而就外资进入加剧企业间资源错配的影响机制进行实证检验。

（二）国有企业生产率

前文中我们提到，在当前市场经济转型时期，大量低效率的国有企业凭借行政保护，占据了大量的生产要素，同其他所有制企业之间存在明显的非对称竞争。如果确实由低效率国有企业所导致的非对称竞争扭曲了外资进入带来的市场竞争机制，加剧了企业间的资源错配，那么，国有企业同外资企业之间的生产率差距越大，对于外资进入带来的市场竞争机制的扭曲程度也就越严重。为此，我们以企业销售额作为权重，通过对国有企业与外资企业全要素生产率进行加权平均，计算出行业内外资企业与国有企业的生产率差值。在此基础上，我们以生产率差值的中位数为标准进行分样本回归，验证本书的影响机制。具体的回归结果参见表 3.12。

表 3.12 国有企业生产率的回归结果

变量	(1) 标准差	(2) 95-05 分位	(3) 90-10 分位	(4) 75-25 分位	(5) 标准差	(6) 95-05 分位	(7) 90-10 分位	(8) 75-25 分位
	大于中位数				小于中位数			
FDI×Post	0.0345 ***	0.0299 **	0.0399 **	0.0491 ***	0.0105	0.0028	0.0108	0.0343
	(0.004)	(0.034)	(0.013)	(0.002)	(0.389)	(0.843)	(0.530)	(0.131)
Soeshare	0.0072	−0.0046	−0.0142	−0.0611	0.0182	0.0671	0.0387	−0.1083
	(0.922)	(0.945)	(0.875)	(0.404)	(0.685)	(0.136)	(0.459)	(0.203)
Tariff	−0.0008	−0.0003	−0.0012	−0.0006	−0.0002	0.0000	−0.0005	0.0005
	(0.314)	(0.720)	(0.229)	(0.626)	(0.807)	(0.953)	(0.576)	(0.652)
Npr×Post	0.0627	0.1633 *	0.1005	−0.0768	0.0058	0.1112	0.0194	0.1049
	(0.364)	(0.052)	(0.270)	(0.480)	(0.933)	(0.115)	(0.820)	(0.371)
Gex×Post	−0.0621	−0.0810 *	−0.0630	−0.0896 *	−0.0745 **	−0.1382 ***	−0.1033 ***	−0.0212
	(0.105)	(0.054)	(0.238)	(0.073)	(0.018)	(0.000)	(0.010)	(0.643)

续表

变量	(1) 标准差	(2) 95-05分位	(3) 90-10分位	(4) 75-25分位	(5) 标准差	(6) 95-05分位	(7) 90-10分位	(8) 75-25分位
	大于中位数				小于中位数			
$Lnem×Post$	-0.0081	-0.0084	-0.0105	0.0005	0.0145	0.0224*	0.0186	0.0009
	(0.572)	(0.550)	(0.621)	(0.983)	(0.224)	(0.059)	(0.211)	(0.970)
$Avage×Post$	-0.0021	-0.0025	0.0018	-0.0007	-0.0035*	-0.0030	-0.0020	-0.0015
	(0.294)	(0.203)	(0.610)	(0.859)	(0.096)	(0.159)	(0.377)	(0.660)
行业固定效应	YES	YES	YES	YES	YES	YES	YES	YES
年份固定效应	YES	YES	YES	YES	YES	YES	YES	YES
样本数	1613	1613	1613	1613	1557	1557	1557	1557
可调整 R^2	0.511	0.420	0.385	0.307	0.521	0.437	0.383	0.265

注：①括号内为回归系数的相伴概率，基于行业层面聚类稳健标准差计算所得；②*表示10%的显著性水平，**表示5%的显著性水平，***表示1%的显著性水平。

根据表3.12的回归结果可知，$FDI×Post$的估计系数在中位数以上的样本中均显著为正，而在中位数以下的样本中不再显著。这一结果表明，国有企业同外资企业之间的生产率差距越大，外资企业带来的市场竞争越会加剧企业间的资源错配程度。换句话说，大量低生产率的国有企业由于行政保护仍存活在市场中，占据了大量的生产要素，阻碍了生产要素的充分自由流动，进而扭曲了市场竞争机制的资源配置作用，导致外资进入带来的市场竞争反而扩大了行业生产率分布，恶化了企业间的资源错配程度。

（三）国有企业市场份额

Hsieh和Klenow（2009）在资源错配方面的研究中指出，要素价格在不同所有制企业之间的差异会造成要素的边际产出不同，进而导致整体生产效率的损失。但所有制本身并不会造成资源错配，导致资源错配的主要原因是行政保护下低效率的国有企业，占据了大量的生产要素，扭曲了市场竞争机制的资源配置效率（刘瑞明和石磊，2011）。由此可以认为，在国有企业市场份额较高的行业中，低效率国有企业引致的非对称市场竞争对企业间资源配置效率的扭曲作用将更为明显。鉴于此，本部分将从国有企业市场份额方面，就其非对称竞争导致的市场竞争机制扭曲进行实证检验，从而进一步验证外资进入加剧了企业间资源错配的影响机制。具体而言，我们以行业内国有企业市场份额的中位数为划分标准进行分样本回归。回归结果见表 3. 13。

表 3. 13　国有份额的分样本回归

变量	（1）	（2）	（3）	（4）	（5）	（6）	（7）	（8）
	标准差	95-05 分位	90-10 分位	75-25 分位	标准差	95-05 分位	90-10 分位	75-25 分位
	大于中位数				小于中位数			
$FDI \times Post$	0. 0365 ***	0. 0359 **	0. 0328 *	0. 0557 ***	0. 0174	0. 0292	0. 0191	0. 0210
	（0. 005）	（0. 020）	（0. 061）	（0. 001）	（0. 295）	（0. 209）	（0. 362）	（0. 276）
$Soeshare$	0. 0395	0. 0304	0. 0332	-0. 0230	-0. 0936	0. 0123	-0. 1657	-0. 2574
	（0. 453）	（0. 534）	（0. 547）	（0. 755）	（0. 476）	（0. 934）	（0. 306）	（0. 158）
$Tariff$	-0. 0004	-0. 0006	-0. 0011	0. 0001	0. 0005	0. 0012	0. 0004	0. 0014
	（0. 416）	（0. 337）	（0. 153）	（0. 939）	（0. 642）	（0. 351）	（0. 721）	（0. 294）
$Npr \times Post$	-0. 0537	0. 0712	0. 0221	-0. 1588 **	-0. 1544	-0. 1785	-0. 1796	-0. 1373
	（0. 345）	（0. 263）	（0. 773）	（0. 029）	（0. 184）	（0. 230）	（0. 167）	（0. 318）
$Gex \times Post$	-0. 0306	-0. 1057 *	-0. 0192	0. 0648	-0. 0904 **	-0. 1475 ***	-0. 1298 ***	-0. 0711
	（0. 532）	（0. 050）	（0. 757）	（0. 327）	（0. 036）	（0. 005）	（0. 006）	（0. 201）
$Lnem \times Post$	-0. 0001	0. 0033	0. 0040	-0. 0106	0. 0529 *	0. 0652 *	0. 0740 **	0. 0412
	（0. 990）	（0. 775）	（0. 801）	（0. 549）	（0. 068）	（0. 053）	（0. 023）	（0. 277）
$Avage \times Post$	-0. 0006	-0. 0023	0. 0012	0. 0038 *	-0. 0081 ***	-0. 0049	-0. 0061 *	-0. 0142 ***
	（0. 729）	（0. 153）	（0. 577）	（0. 094）	（0. 005）	（0. 166）	（0. 071）	（0. 005）
行业固定效应	YES	YES	YES	YES	YES	YES	YES	YES
年份固定效应	YES	YES	YES	YES	YES	YES	YES	YES
样本数	1682	1682	1682	1682	1571	1571	1571	1571
可调整 R^2	0. 387	0. 284	0. 240	0. 148	0. 512	0. 443	0. 418	0. 356

注：①括号内为回归系数的相伴概率，基于行业层面聚类稳健标准差计算所得；② * 表示10%的显著性水平，** 表示5%的显著性水平，*** 表示1%的显著性水平。

根据表 3.13 的回归结果可知，*FDI×Post* 的估计系数在中位数以上的样本中均显著为正，而在中位数以下的样本中不再显著。这一结果验证了我们的初始猜想，表明国有企业的市场份额越高，对于市场竞争机制的扭曲程度越大，使外资进入带来的市场竞争不但未改善行业内资源配置效率，而且加剧了企业间的资源错配程度。因此，从国有企业市场份额方面的回归结果再次表明，低效率的国有企业凭借着行政保护下拥有的所有制优势，使其同非国有制企业之间面临着明显的非对称竞争，从而扭曲了市场竞争机制的资源配置作用。

（四）国有企业上游垄断

随着市场化改革的持续深入和行业准入限制的不断放开，我国在下游行业基本上实现了自由竞争，主要由民营企业所主导，而上游行业仍表现出明显的国有垄断特征，主要被一些大型国有企业所垄断（刘瑞明和石磊，2011；Li et al.，2014）。国有企业除在生产要素方面具有的所有制优势外，其另一所有制优势来自政府行政保护下所具有的市场垄断势力。因此，从上下游的市场结构来看，国有企业同其他所有制企业同样存在明显的非对称竞争，形成了"上游行业行政垄断、下游行业自由竞争"的非对称市场结构。为此，我们接下来从国有企业上游垄断的非对称竞争入手，再次考察外资进入加剧了企业间资源错配的影响机制。具体而言，同 Ju 和 Yu（2015）、王永进和刘灿雷（2016）的做法相一致，我们借鉴 Antràs 等（2012）投入产出的分析方法，结合中国 2002 年的投入产出表构建行业层面的上游度指标，测算了每个行业在生产价值链中的相对位置。行业上游度指标的具体估算过程如下：

假定一个国家有 n 个行业，对于每个行业 $i=1$，…，n，总产出价值 Y_i 等于该行业用于最终消费的部分 F_i 与作为其他行业的中间投入品 Z_i 之和：

$$Y_i = F_i + Z_i = F_i + \sum_{j=1}^{n} a_{ij} Y_j \tag{3-5}$$

其中，a_{ij} 指的是行业 j 的 1 单位产出中，行业 i 产品的投入比重，重复以上计算过程，得到如下表达式：

$$Y_i = F_i + \sum_{j=1}^{n} a_{ij}F_j + \sum_{j=1}^{n} a_{ik}a_{kj}F_j + \sum_{j=1}^{n} a_{il}a_{lk}a_{kj}F_j + \cdots \tag{3-6}$$

基于上述方程，Antràs 等（2012）对式（3-2）中的每个生产阶段赋予等长度权重，并除以行业 i 的产出水平 Y_i，测算出行业 i 距离最终消费需求的长度，也即为行业 i 的上游度：

$$U_i = 1 \cdot \frac{F_i}{Y_i} + 2 \cdot \frac{\sum_{j=1}^{n} a_{ij}F_j}{Y_i} + 3 \cdot \frac{\sum_{j=1}^{n} a_{ik}a_{kj}F_j}{Y_i} + 4 \cdot \frac{\sum_{j=1}^{n} a_{il}a_{lk}a_{kj}F_j}{Y_i} + \cdots \tag{3-7}$$

参考 Ju 和 Yu（2015）的做法，我们采用中国 2002 年 122 个行业的投入产出表，测算出行业上游度指标。与此同时，类似于 Ju 和 Yu（2015）的做法，我们将制造业中上游度排名中位数以下行业划分为下游行业，中位数以上行业划分为上游行业。[①]

基于此，我们将总体样本分为上游行业样本与下游行业样本，分别进行回归。具体的回归结果如表 3.14 所示。从表 3.14 的回归结果中，我们可以看出，$FDI \times Post$ 的估计系数在上游行业内均显著为正，而在下游行业中均不显著。这一结果表明，在当前国有企业垄断上游行业、民营企业主导下游行业的背景下，外资进入的市场竞争对企业间资源错配的负面影响主要体现在上游行业。也就是说，正是由于较多低效率国有企业凭借政府庇佑与行政保护，逐渐垄断上游行业，使外资进入在上游行业中显著恶化了企业间资源配置效率。由此我们认为，国有企业凭借行政保护垄断上游行业，导致了当前非对称竞争的市场结构，扭曲了市场竞争机制的资源配置作用，使外资进入的市场竞争加剧了企业间的资源错配程度。

---

① Ju 和 Yu（2015）采用 2002 年和 2007 年的投入产出表，验证了行业上游度指标跨年间的稳定性。考虑到行业上游度指标跨年间的稳定性，本书参考 Ju 和 Yu（2015）的做法，采用 2002 年投入产出表计算的行业上游度指标进行相关的实证分析。

表 3.14　国有企业上游垄断的回归结果

变量	(1)	(2)	(3)	(4)	(5)	(6)	(7)	(8)
	标准差	95-05分位	90-10分位	75-25分位	标准差	95-05分位	90-10分位	75-25分位
	大于中位数				小于中位数			
$FDI \times Post$	0.0255**	0.0285**	0.0355**	0.0486***	0.0187	0.0179	0.0148	0.0216
	(0.026)	(0.035)	(0.024)	(0.003)	(0.108)	(0.191)	(0.322)	(0.224)
$Soeshare$	0.0804	0.0809	0.0301	0.0088	−0.0328	−0.0050	−0.0097	−0.1700**
	(0.142)	(0.134)	(0.620)	(0.903)	(0.496)	(0.913)	(0.864)	(0.049)
$Tariff$	−0.0015	−0.0008	−0.0020	−0.0004	−0.0003	−0.0002	−0.0004	0.0005
	(0.351)	(0.629)	(0.310)	(0.833)	(0.548)	(0.737)	(0.494)	(0.563)
$Npr \times Post$	0.0176	0.0564	0.0475	−0.0253	0.0489	0.1365**	0.0998	0.0676
	(0.815)	(0.520)	(0.605)	(0.817)	(0.345)	(0.032)	(0.187)	(0.416)
$Gex \times Post$	−0.1067***	−0.1400***	−0.1145***	−0.1061**	−0.0256	−0.0664*	−0.0394	−0.0059
	(0.002)	(0.001)	(0.004)	(0.043)	(0.438)	(0.068)	(0.387)	(0.906)
$Lnem \times Post$	0.0147	0.0152	0.0091	0.0165	0.0103	0.0115	0.0197	0.0015
	(0.219)	(0.210)	(0.545)	(0.393)	(0.530)	(0.438)	(0.374)	(0.958)
$Avage \times Post$	−0.0030	−0.0024	0.0006	−0.0015	−0.0007	−0.0006	0.0024	0.0017
	(0.126)	(0.289)	(0.746)	(0.658)	(0.691)	(0.673)	(0.373)	(0.555)
行业固定效应	YES	YES	YES	YES	YES	YES	YES	YES
年份固定效应	YES	YES	YES	YES	YES	YES	YES	YES
样本数	1551	1551	1551	1551	1524	1524	1524	1524
可调整 R^2	0.530	0.448	0.420	0.317	0.551	0.466	0.412	0.290

注：①括号内为回归系数的相伴概率，基于行业层面聚类稳健标准差计算所得；②＊表示10%的显著性水平，＊＊表示5%的显著性水平，＊＊＊表示1%的显著性水平。

此外，从下游行业的回归结果可知，在民营企业主导的竞争性下游行业中，外资进入的市场竞争同样未能改善企业间的资源错配程度。因此，从资源配置方面来看，在当前非对称竞争的市场环境下，外资进入带来的市场竞争不仅未能改善企业间的资源错配程度，反而存在明显的负面影响。本书研究结果表明，为更好地发挥资源配置效率在经济增长中的推动作用，关键在于放开对国有企业的行政保护，给予不同所有制类型企业间平等的竞争环境，确立市场竞争机制在配置要素资源中的主导地位。

本 章 小 结

　　国家经济的增长与整体生产效率水平的提升一方面取决于微观企业自身的生产效率，而另一方面取决于企业间的资源配置效率。本章利用 1998 ~ 2007 年翔实的中国微观工业企业数据，系统考察了外资进入带来的市场竞争对企业间资源配置效率的影响，并在刻画非对称竞争市场结构典型化事实的基础上，从行业内生产率分布、国有企业生产率、国有企业市场份额以及其在上游行业垄断四个方面，探讨了外资进入恶化中国制造业企业间资源配置效率的微观机理。

　　本章研究发现：一是大规模外商直接投资的进入，其带来的市场竞争非但不能改善中国制造业企业间的资源错配程度，反而严重扭曲了企业间资源配置效率，表现出明显的负面效应，显然，这一研究结论同既有理论分析有所背离。二是基于影响机制的深入分析表明，造成这一负面影响的主要原因在于，众多低效率的国有企业凭借所有制优势与行政保护，占据了大量的生产要素，导致了要素资源在不同所有制企业间配置的非对称性，并且，低效率国有企业在上游行业所拥有的行政垄断势力，造成了市场结构的非对称性，扭曲了外资进入带来的市场竞争机制，从而加剧了企业间资源错配程度。

　　因此，为更好地利用外商直接投资，发挥资源配置效率在经济增长中的推动作用，关键在于放开对国有企业的行政保护，给予不同所有制企业之间平等的市场竞争环境，尤其是在 2008 年国家金融危机后世界经济整体发展低迷、中国经济面临着外需下降内需不足的经济形势下，通过竞争激发企业活力显得愈加重要。与此同时，近年来，由过去粗放型经济发展方式带来的环境污染问题和社会发展矛盾日益突出，逐步放开对国有企业上游行业的市场管制，取消对低效率国有企业的额外补贴，打破行业壁垒，使各类企业可以自由进入与退出，进而确立市场竞争机制在资源配置中的主导地位，将有利于释放潜在的经济发展动力，为转变经济发展方式，优化产业结构提供新的动力机制。

第四章

外资进入与内资企业利润率

第三章从企业间资源配置效率视角，详细探讨了外资进入带来的市场竞争效应对我国资源配置效率的影响，以及外资进入加剧我国资源错配程度的微观机理。毋庸置疑，利润率是企业立足于市场的根本与基础，也是企业绩效的重要体现，那么，从企业内自身经营绩效而言，外资进入对我国制造业企业利润率又会产生何种影响，是否也产生了消极的负面效应？本章利用 1998~2007 年翔实的工业企业微观数据，系统全面地考察了外资进入对我国企业利润率的影响，并对其背后的作用机制给予详细的探讨。进一步地，已有研究在考察外资进入的市场效应时，并未对实证分析中可能存在的内生性问题进行细致的探讨。显然，东道国自身的行业和企业特征会影响该国的实际外资进入程度，这就会使企业经营绩效与实际外资进入程度二者之间存在逆向因果关系，将会导致有偏误的估计结果。因此，我们借鉴 Lu 等（2017）的研究，以 2002 年外资准入管制的政策调整作为准自然实验，将这一政策冲击视为行业内实际外资进入程度的工具变量，并在工具变量回归方法中嵌入双重差分思想，在有效控制既有研究存在的内生性问题的基础上，更为准确地分析了外资进入对我国企业经营绩效的影响及其作用机制。

　　本章第一节为模型设定与变量说明部分，分别从计量模型设定、指标选取和平行趋势假设等方面进行说明；第二节是实证分析部分；第三节展开进一步的拓展分析；最后为本章小结，对研究结论给予述评。

第一节 模型设定与变量说明

本节就研究中的计量模型设定、指标测算和变量的统计描述以及模型选取是否得当进行详细说明。

一、计量模型设定

为考察外资进入对中国制造业内资企业利润率的影响，我们设定基准回归模型如下：

$$Y_{fit} = \alpha_f + \delta_t + \beta FDI\_Sector_{it} + X'_{fit}\varphi + \varepsilon_{fit} \tag{4-1}$$

其中，下标 f 表示制造业企业；下标 i 表示国民经济行业分类标准下的四分位行业；下标 t 表示样本数据年份。

被解释变量为 Y_{fit}，表示行业 i 中内资企业 f 在时期 t 的利润率。企业利润率作为反映企业经营状况的一个综合性指标，其既可以体现出企业在考察期内的生存能力，也能体现出企业在长期中的发展能力。参照已有研究，采用企业总利润与销售额的比值即销售利润率来表示内资企业利润率。在内资企业的界定上，首先基于企业注册类型确定国有企业、集体企业、民营企业和外资企业及中国港澳台企业；其次根据企业中控股情况和注册资本（是否大于 50%），再次界定各企业类型。基于此，我们剔除了所有外资及中国港澳台资企业，仅保留国有企业、集体企业和民营企业作为内资企业。

解释变量为 FDI_Sector_{it}，表示行业 i 在 t 时期的外资进入程度。同第三章一致，借鉴 Javorcik（2004）、罗伟和葛顺奇（2015）及 Lu 等（2017）的做法，使用行业中所有企业外资份额以销售额作为权重的加权平均值来度量：

$$FDI\_Sector_{it} = \frac{\sum_{f \in \Delta it}(FDI\_Firm_{fit} \times Sale_{fit})}{\sum_{f \in \Delta it}Sale_{fit}} \tag{4-2}$$

其中，Δ_{it} 表示行业 i 在时期 t 内所有企业的集合；FDI_Firm_{fit} 表示行业 i 内企业 f 在时期 t 内外商资本金占企业实收资本的比重；$Sale_{fit}$ 表示行业 i 内企业 f 在时期 t 的销售额。

研究关注的是外资进入的系数 β，如果 $\beta>0$ 且显著，则表明外资进入显著改善了我国内资企业的利润率；反之则抑制了企业盈利能力的提升。获取 β 一致性估计的前提是解释变量与残差项不相关。理论上而言，企业往往会选择进入高利润行业以获取预期利益，在实际中，外资企业在进入东道国市场时，也会综合考虑该国行业特征与企业发展状况，这就会产生逆向因果关系，且遗漏一些不可观测因素或解释变量存在测量误差同样会导致潜在的内生性问题。然而，已有研究在考察外资进入的市场效应时，多采用外资进入的滞后一期作为工具变量来缓解内生性问题（包群等，2015），但显然滞后项与残差项相关，将会导致估计结果的不一致。

鉴于此，我们借鉴 Lu 等（2017）的做法，以 2002 年外资准入管制的政策调整作为准自然实验，将这一政策冲击视为外资进入的工具变量。相较于实际进入的外资企业而言，外资进入的行业管制政策存在明显的外生性特征（冯根福和毛毅，2015；李磊等，2015），从而可以较好地控制模型（4-1）中可能产生的内生性问题，保证回归结果的一致性。工具变量的第一阶段回归设定如下：

$$FDI\_Sector_{it} = \alpha_f + \delta_t + \rho FDI_i \times Post_t + X'_{fit}\theta + \omega_{fit} \tag{4-3}$$

其中，FDI_i 表示外资政策调整的虚拟变量，如果行业在 2002 年为政策鼓励行业，则 $FDI_i=1$ 为处理组；反之，如果行业在 2002 年为无变化行业，则 $FDI_i=0$ 为对照组。$Post_t$ 表示政策冲击的年份虚拟变量，若年份在 2002 年及其之后，则 $Post_t=1$，反之 $Post_t=0$。

二、平行趋势假设

双重差分法思想隐含着一个重要的前提假定，即在政策冲击发生之前，处理组和对照组理应具有相同的演变趋势。也就是说，在外资管制政策调整的 2002 年之前，处理组与对照组的利润率应该具有相同的发展趋势，处理组与对照组的利润率应该是平行的。

图 4.1 刻画了处理组与对照组企业利润率的变化趋势，可见，在外资管制政策调整（2002 年）之前，处理组和对照组企业利润率的发展趋势基本是一致的，二者趋势近乎平行，而在 2002 年之后，两组的利润率演变产生了分化，这表明本文选取的处理组与对照组满足双重差分法的平行趋势假设，并且相较于对照组企业，处理组的利润率呈现持续的上升趋势，初步表明外资进入改善了我国内资企业的利润率。

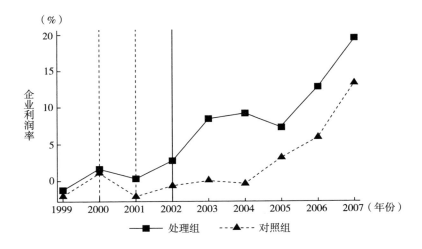

图 4.1　处理组和对照组企业利润率的演变趋势

三、变量及统计描述

为排除自变量以外其他影响企业利润率的因素，我们继续加入如下变量予以控制（X'_{fit}），具体包括：企业生产率水平（Tfp），采用 OP 方法（Olley 和 Pakes，1996）测算的企业全要素生产率进行度量，以较好地控制由企业进入与退出导致的样本选择性偏差；企业年龄（Age），采用当年年份与企业成立年份的差值进行衡量；企业出口状态（Exp），当企业出口额为正时，出口状态虚拟变量取值为 1，否则取值为 0；企业所有制类型（Soe），若企业为国有企业，国有企业虚拟变量取值为 1，否则取值为 0。

此外，计量模型（4-1）与式（4-2）中，α_f 为企业固定效应，用以控制企业层面不随时间变化的其他因素；δ_t 为年份固定效应，用以控制时间维度的宏观经济冲击。为控制潜在的异方差和序列相关问题，借鉴 Amiti 和 Davis（2011）的做法，对标准差在行业—年份维度进行了聚类调整。

与第三章类似，本章同样借鉴 Gentzkow（2006）以及 Lu 等（2017）的做法，在回归中进一步加入 1998 年行业特征变量新产品产值比重（Npr）、出口密集度（Gex）、平均就业人数（$Lnem$）、企业平均年龄（$Avage$）与年份虚拟变量（δ_t）的交叉项，用以控制可能存在的样本选择问题，具体表述见下文。并且，加入 2001 年行业层面的国有企业份额（$Soeshare$）和行业平均关税（$Lntariff$）与年份虚拟变量（δ_t）的交叉项，用以控制该时期贸易自由化和国企改革对本书回归结果造成的估计偏误。变量的描述性统计详见表 4.1。

表 4.1　变量的描述性统计

	变量	变量名称	均值	标准差	最小值	最大值	样本量
被解释变量	$Profit$	利润率	0.022	0.106	−1.315	0.477	1134707
解释变量	FDI_Sector	外资进入程度	0.213	0.146	0.002	0.736	1134707
工具变量	$FDI\times Post02$	外资准入政策	0.216	0.412	0	1	1134707
企业层面控制变量	Tfp	企业生产率水平	2.475	1.093	−1.648	5.405	1134707
	Age	企业年龄	11.07	12.61	0	100	1134707
	Exp	企业出口状态	0.188	0.391	0	1	1134707
	Soe	企业所有制类型	0.165	0.371	0	1	1134707

续表

	变量	变量名称	均值	标准差	最小值	最大值	样本量
行业特征 控制变量	*Npr*	新产品产值比重	0.052	0.0573	0	0.569	1134707
	Gex	出口密集度	0.198	0.184	0	0.911	1134707
	Lnem	平均就业人数	5.638	0.547	4.130	8.330	1134707
	Avage	企业平均年龄	14.83	4.993	3.333	36.21	1134707
其他政策 因素	*Soeshare*	国有企业份额	0.235	0.184	0.001	0.986	1134707
	Lntariff	行业平均关税	2.830	0.513	0	4.263	1134707

资料来源：笔者整理汇编，来源于 1998~2007 年中国工业企业数据库。

第二节　实证分析

本章旨在考察大规模外资进入对我国内资企业利润率的影响，即外资进入是显著促进了我国内资企业利润率的改善还是抑制了企业利润率的提升？具体地，我们以 2002 年外资准入管制的政策调整作为准自然实验，将这一政策冲击视为外资进入的工具变量，在有效控制内生性问题的基础上，采用工具变量法对此进行回归分析，进而得出本章的基本结论。接着，我们试图从外资进入的安慰剂检验、指标测算的再检验、控制"产业关联效应"及其他稳健性检验等多个方面就本章研究结论给予稳健性检验。

一、IV 方法基准回归结果

外资进入究竟是改善抑或是抑制了我国内资企业利润率？本章中，我们借鉴 Lu 等（2017）的做法，将 2002 年外资准入管制政策作为外资进入的工具变量，采用工具变量法，在有效控制内生性的基础上，对此问题进行细致考察。表 5.2 汇报了本书的基准回归结果。第（1）~第（4）列为工具变量法（IV 法）的两阶段估计结果：其中，Panel A 报告了第二阶段回归结果，因变量为内资企业利润率；Panel B 报告了第一阶段回归结果，因变量为行业实际外资进入程度。第（5）～第（6）列为最小二乘法（OLS）估计结果，报告在 Panel C 中，因变量为内资企业利润率。

表 4.2 基准回归结果

变量	IV	IV	IV	IV	OLS	OLS
	（1）	（2）	（3）	（4）	（5）	（6）
Panel A：Second-stage estimation	因变量：企业利润率					
FDI_Sector	0.1627***	0.1711***	0.1149***	0.3430***		
	（0.000）	（0.000）	（0.000）	（0.000）		
Panel B：First-stage estimation	因变量：外资进入					
FDI×Post	0.0135***	0.0135***	0.0097**	0.0087**		
	（0.002）	（0.002）	（0.027）	（0.040）		
Panel C：基准 OLS 回归：	因变量：企业利润率					
FDI_Sector					0.0043*	
					（0.054）	
FDI×Post						0.0030***
						（0.001）
年份固定效应	YES	YES	YES	YES	YES	YES
行业固定效应	YES	YES	YES	YES	YES	YES
Time-varying firm controls		YES	YES	YES	YES	YES
FDI determinants×Year dummies			YES	YES	YES	YES
Tariff reductions×Year dummies				YES	YES	YES
SOE privatization×Year dummies				YES	YES	YES
样本数	1134707	1134707	1134707	1134707	1134707	1134707

注：①*表示10%的显著性水平，**表示5%的显著性水平，***表示1%的显著性水平；②括号内为回归系数的相伴概率，基于行业一年份层面聚类稳健标准差计算所得，其中，第二阶段（Panel A）回归系数的标准差进行了 Bootstrap（300 次）调整；③Panel C 为弱工具变量检验的 F 统计值。

第（1）列为工具变量法的初始回归结果，未加入其他控制变量，仅控制了年份与行业固定效应。我们发现 FDI_Sector 的估计系数均显著为正，表

明外资进入显著提高了我国内资企业的利润率水平。在此基础上，我们在第
（2）列中加入企业生产率水平（*Tfp*）、企业年龄（*Age*）、企业出口状态
（*Exp*）、企业所有制类型（*Soe*）一系列影响企业利润率的控制变量。回归结
果显示，外资进入的系数仍显著为正，外资进入改善了我国内资企业的利
润率。

然而，正如第三章指出的，政府在 2002 年对《指导目录》的大幅调整
并不是随机决定的，而是依据宏观调控目标以及行业发展情况来决定外资进
入的行业管制，这就会使我们的处理组与对照组存在一定程度的系统性差异，
进而影响外资准入政策作为外资进入的工具变量的有效性。为此，我们借鉴
Gentzkow（2006）以及 Lu 等（2017）的做法，在回归中进一步加入 1998 年
行业特征变量新产品产值比重（*Npr*）、出口密集度（*Gex*）、平均就业人数
（*Lnem*）、企业平均年龄（*Avage*）与年份虚拟变量（δ_t）的交叉项，用以控
制可能存在的样本选择问题。① 表 4.2 第（3）列的回归结果表明，外资进入
对于促进我国内资企业的利润率提升具有显著的积极作用。

由于外资进入的行业管制调整发生在 2002 年，而在 2001 年我国刚刚加
入 WTO，为兑现入世承诺，我国大幅下调了产品进口关税。与此同时，国有
企业结束了"三年脱困"时期（1998~2000 年），大量国有企业进行了私有
化改制，扭转了持续亏损的经营局面。因此，在外资进入管制调整时期，进
口关税下降和国有企业的私有化改制，是否会影响到本书估计结果的可靠性？
为此，借鉴 Lu 等（2017）的做法，在第（3）列的基础上，进一步加入
2001 年行业层面的国有企业份额（*Soeshare*）和行业平均关税（*Lntariff*）与
年份虚拟变量（δ_t）的交叉项，用以控制该时期贸易自由化和国有企业改革
对本书回归结果造成的估计偏误。第（4）列的回归结果显示，外资进入的
系数仍显著为正，再次证明外资进入改善了我国内资企业利润率。

① 行业特征变量的选取参见文章附录 B，这里不再赘述。

在第（5）列中，我们仅将行业内实际外资进入与企业利润率进行 OLS 回归，回归系数通过了 10% 的显著性水平，表明外资进入改善了内资企业利润率，再次验证了本文基本结论的可靠性，并且，比较 IV 与 OLS 回归结果可以看出，基于工具变量回归的系数，无论是大小还是显著性均明显高于 OLS 回归，这表明本书对内生性问题的修正是有必要的。在第（6）列中，我们将外资准入政策（*FDI×Post*）与企业利润率进行 OLS 回归，回归系数显著为正，行业的外资准入放松也确实提高了内资企业利润率，进一步验证了本章研究结论的可靠性与工具变量选取的有效性。

此外，在 Panel B 中，我们列示了工具变量回归中第一阶段的估计结果，可以看到，*FDI×Post* 的回归系数均显著为正，表明外资进入的行业管制调整显著促进了 2002 年后受鼓励行业的外资进入，同时也反映出二者之间的显著相关性与工具变量选取的有效性。进一步地，基于弱工具变量检验的 F 统计量均大于临界值 10，表明研究中不存在明显的弱工具变量问题。

二、稳健性检验

上文表 4.2 报告了外资进入对我国内资企业利润率影响的基准回归结果，得出了本章研究的基本结论，接下来，我们将从外资进入的安慰剂检验、指标测算的再检验、控制"产业关联效应"及其他稳健性检验等多个方面，就本章基本结论进行一系列稳健性检验，验证该基本结论的可靠性。

（一）安慰剂检验

双重差分法思想的一个重要识别约束条件是，在外资准入政策调整（2002 年）之前，处理组和对照组企业应该满足平行趋势假设。前文中，图 4.1 对这一趋势进行了刻画。为进一步验证这一识别条件，本书参考 Topalova（2010）的做法，对政策冲击发生之前的观测样本进行安慰剂检验。具体而言，我们选用外资准入政策调整之前的样本数据（1998～2001 年），分别假设外资准入管制政策的调整发生在 1999 年、2000 年或 2001 年，再次进行回归分析。若外资准入政策调整确实提高了行业外资进入程度，那么，虚设外资准入政策的调整年份，将不会伴随着外资的大规模进入，进而不会对企业利润率产生显著影响。也就是说，在安慰剂检验的回归结果中，$FDI×Post$ 的估计系数应该是不显著的。[①] 具体的回归结果参见表 4.3 第（1）~ 第（3）列。

表 4.3　安慰剂检验估计结果

被解释变量：利润率	（1）	（2）	（3）	（4）
	OLS	OLS	OLS	OLS
	Post1999	Post2000	Post2001	Random
$FDI×Post$	0.0024	0.0015	0.0025	−0.0012
	(0.166)	(0.420)	(0.228)	(0.141)
年份固定效应	YES	YES	YES	YES
行业固定效应	YES	YES	YES	YES
Time-varying firm controls	YES	YES	YES	YES
FDI determinants×Year dummies	YES	YES	YES	YES
Tariff reductions×Year dummies	YES	YES	YES	YES
SOE privatization×Year dummies	YES	YES	YES	YES
样本数	342595	342595	342595	1134707

注：① * 表示10%的显著性水平，** 表示5%的显著性水平，*** 表示1%的显著性水平；②括号内为回归系数的相伴概率，基于行业—年份层面聚类稳健标准差计算所得，其中，第（4）列回归系数的标准误进行了 Bootstrap（300 次）调整。

根据表 4.3 第（1）~第（3）列的回归结果，我们发现不管是将外资进入的管制政策虚设为 1999 年、2000 年或是 2001 年，$FDI×Post$ 的估计系数均不显著。这一结果表明，在外资管制政策调整（2002 年）之前，处理组和对照组企业具有可比性，不存在样本选择问题，即工具变量的回归设定，并不

①　安慰剂检验中，$FDI×Post$ 不再符合工具变量的有效性，因此不能采用工具变量法进行验证。工具变量的性质表明 $FDI×Post$ 应与利润率显著正相关［见表 4.2 第（6）列］，基于此，本书借鉴 Lu 等（2017），通过 $FDI×Post$ 与企业利润率的 OLS 回归来进行安慰剂检验。

存在由政策实施时间的非完全随机引发的估计偏误。因此，基于政策调整年份的安慰剂检验表明，我国内资企业利润率的改善确实是外资进入带来的积极效应的结果，本章研究结论是稳健的。

在识别政策调整行业时，我们通过对比 2002 年与 1997 年的《指导目录》，将行业准入管制有所放松的行业定义为处理组，将行业准入管制未发生变化的行业定义为对照组，其中，处理组 131 个行业，对照组 326 个行业。接下来，我们将通过更改处理组和对照组的样本选取再次进行安慰剂检验。具体而言，本部分从 457 个行业中随机挑选 131 个行业作为处理组，其他326 个行业作为对照组，再次进行回归检验，并且与 Li 等（2016）的做法一致，我们进行 300 次随机模拟。若相较于对照组，处理组在外资准入政策调整后确实表现出外资进入程度的提高以及其企业利润率的上升，那么，基于随机抽样的安慰剂检验中，处理组和对照组内企业利润率变化应该不存在明显差异。根据表 4.3 第（4）列随机模拟的回归结果，发现 $FDI \times Post$ 的估计系数不再显著。因此，基于随机抽样的安慰剂检验再次验证了结论的稳健性。

前文分别从虚设外资进入年份与随机选取外资进入行业，进行安慰剂检验，以验证基本研究结论的可靠性。进一步地，本章借鉴 Lu 等（2017）的做法，同时进行外资进入年份（1999～2006 年）与进入行业的随机选取，从而构造反事实工具变量 $FDI_i^{false} \times Post_t^{false}$。同样地，按理说虚设外资进入年份与进入行业的反事实变量 $FDI_i^{false} \times Post_t^{false}$ 并不会对行业内实际外资进入产生显著影响，进而不会影响企业利润率。[①] 为避免可能存在的偶然事件对结论的干扰以及确保结论的可靠性，我们进行了 300 次随机模拟，得出 $FDI_i^{false} \times Post_t^{false}$ 的分布，见图 4.2 反事实模拟分布图。若 2002 年外资准入政策的调整并未对企业利润率产生影响，那么表 4.2 第（6）列中得出的 $FDI \times Post$ 真实值将位于反事实分布的中间位置。

---

① 选取 1999～2006 年是为了确保政策前后至少存在一年。

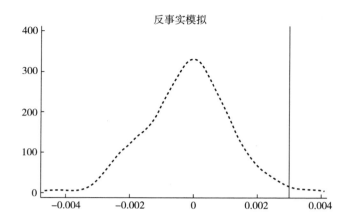

图 4.2　安慰剂检验（300 次随机模拟）

在图 4.2 的统计分布中，实线为表 4.2 第（6）列中 $FDI×Post$ 的真实值（0.003），虚线为 300 次随机模拟的 $FDI_i^{false}×Post_t^{false}$ 的系数分布。从图 4.2 中可以看到，$FDI×Post$ 的真实值明显大于反事实模拟的 $FDI_i^{false}×Post_t^{false}$ 系数，其中，300 次随机模拟中共有 297 次小于实际值（99%），因此，基于随机选取外资进入年份与行业的安慰剂检验再次表明，外资进入在促进企业利润提升上起到了积极作用。

（二）2002 年政策效应的再检验

图 4.1 刻画了处理组与对照组企业利润率的演变趋势，可以看到，存在 2002 年政策调整的特定效应，即在外资管制政策调整（2002 年）之前，处理组和对照组利润率的发展趋势基本是一致的，而在 2002 年之后，两组利润率的演变态势产生了分化。在此，相较于图 4.1 的统计描述，我们继续采用其他检验方式对 2002 年特定的政策效应进行验证。

借鉴 Bertrand 等（2004）研究，以 2002 年为时间节点，将样本设定为两期样本进行考察。若年份为 1998~2001 年，设定变量 Pre = 1，2002 年之后为 0；且若年份为 1998~2001 年，设定变量 After = 0，2002 年之后为 1。回归检验结果详见表4.4第（1）列。可以看到，交乘项 *FDI×Pre* 的系数没有通过统计显著性水平，而 *FDI×After* 的估计系数显著为正，这表明2002年政策调整的效应是显著存在的。

接着，我们借鉴 Cai 等（2016）的做法，采取事件分析法这一更灵活的方式考察样本期内的年份特定效应。我们设定了各年年份虚拟变量，并使其与 *FDI* 交乘，回归结果见表4.4第（2）列。可以看到，在2002年之前（1999~2001年），交乘项的系数均不显著，表明在2002年之前并不存在年份特定效应，在2002年之后，估计系数变为显著为正。由此可以看出，2002年特定的政策调整效应是显著存在的。

表4.4　2002年特定效应的再检验

变量	（1）OLS Profit	（2）OLS Profit
FDI×Pre	−0.0008 (0.484)	
FDI×After	0.0025*** (0.004)	
*FDI×Year*99		0.0001 (0.956)
*FDI×Year*00		−0.0003 (0.866)
*FDI×Year*01		0.0022 (0.133)
*FDI×Year*02		0.0027* (0.100)
*FDI×Year*03		0.0055** (0.016)
*FDI×Year*04		0.0040** (0.040)

变量	（1）	（2）
	OLS	OLS
	Profit	Profit
FDI×Year05		0.0012
		（0.516）
FDI×Year06		0.0026*
		（0.069）
FDI×Year07		0.0044***
		（0.003）
年份固定效应	控制	控制
企业固定效应	控制	控制
Time-varying firm controls	控制	控制
FDI determinants×Year dummies	控制	控制
Tariff reductions×Year dummies	控制	控制
SOE privatization×Year dummies	控制	控制
样本数	1134707	1134707

注：①*表示10%的显著性水平，**表示5%的显著性水平，***表示1%的显著性水平；②括号内为异方差聚类调整后（行业—年份层面）回归系数的相伴概率。

（三）测算指标的再检验

在外资进入程度的测算上，前文主要以销售额作为权重将企业外资份额进行加权平均。此外，大量文献以产出或就业人数作为权重来衡量行业外资进入水平（Javorcik，2004；Aghion et al.，2009；包群等，2015；Lu et al.，2017）。因此，基于稳健性考虑，分别以企业产出占行业总产出的比重、企业就业人数占行业总就业人数的比重作为权重进行加权平均，得出行业实际外资进入程度的代理指标，进而再次进行实证检验。表4.5第（1）、（2）列的回归结果表明，对外资进入程度的不同测度不会影响基本结论。

在企业利润指标的度量上，资产收益率（ROA）也是综合反映企业盈利能力的重要指标（苏振东和洪玉娟，2013），表4.5第（3）列报告了采用资产收益率度量企业经营绩效的估计结果，外资进入的系数仍显著为正，表明外资进入确实有助于提升内资企业绩效水平。此外，我们也考察了外资进入对企业总利润（$LnProfit$）的影响。由于工业企业数据库中，近 16% 的企业利润总额为负，直接对其取自然对数会造成大量企业样本删失。因此，借鉴汤二子和孙振（2012）的做法，我们对该指标进行如下处理：当企业利润总额大于 0 时，$LnProfit$ 为利润总额的自然对数；当企业利润总额等于 0 时，$Ln-Profit$ 为 0；当企业利润总额小于 0 时，$LnProfit$ 为其绝对值自然对数的相反数。表 4.5 第（4）列的汇报了外资进入对企业总利润水平的估计结果，回归结果表明，外资进入同样显著促进了我国内资企业总利润的提升，研究结论是稳健的。

表 4.5 测算指标的再检验

变量	（1）	（2）	（3）	（4）
	IV	IV	IV	IV
	Employment	Output	ROA	LnProfit
FDI_ Sector	0. 4399 ***	0. 3494 ***	0. 2314 ***	14. 6634 ***
	（0. 000）	（0. 000）	（0. 002）	（0. 000）
年份固定效应	YES	YES	YES	YES
行业固定效应	YES	YES	YES	YES
Time-varying firm controls	YES	YES	YES	YES
FDI determinants×Year dummies	YES	YES	YES	YES
Tariff reductions×Year dummies	YES	YES	YES	YES
SOE privatization×Year dummies	YES	YES	YES	YES
样本数	1134743	1134682	1134708	1134709

注：① * 表示 10% 的显著性水平，** 表示 5% 的显著性水平，*** 表示 1% 的显著性水平；② 括号内为回归系数的相伴概率，基于行业一年份层面聚类稳健标准差计算所得，其中，回归系数的标准差进行了 Bootstrap（300 次）调整。

（四）"产业关联效应"的再检验

前文强调了行业内外资进入在改善企业利润率上的重要作用。然而，外资进入也会通过产业关联效应对东道国企业产生积极的技术溢出效应（Javor-cik，2004；Hale and Long，2011；Wang，2013；包群等，2015），进而促进内资企业利润率的提升。那么，我国内资企业利润率的提升究竟是"水平溢出效应"的结果还是"垂直关联效应"的产物？为控制"垂直关联效应"对本书研究结论的干扰，本小节中，我们将外资的产业关联指标纳入回归分析中，再次进行实证检验。

具体地，我们借鉴（Javorcik，2004）构造行业间前向关联指标如下：

$$FDI\_Sector_{it}^{forward} = \sum_{if\ m \neq i} \alpha_{imt} \left[\sum_{f \in \Delta mt} FDI\_Sector_{ft} \times \frac{(Sale_{ft} - EX_{ft})}{\sum_{f \in \Delta m}(Sale_{ft} - EX_{ft})} \right]$$

$$(4-4)$$

式（4-4）度量了上游 m 行业中外资企业通过向 i 行业提供中间投入品而发生的前向关联效应。等式左边为前向关联系数 $FDI\_Sector_{it}^{forward}$，等式右边中，$\alpha_{imt}$ 表示 i 行业从 m 行业中购买的投入品比重，[1] EX_{ft} 表示企业 f 在 t 年的出口额，在外资企业产出中，只有在国内市场上进行销售的中间品才会构成前向关联效应，因此，在测算前向关联指数时需剔除外资企业用于出口的产品。

构造行业间后向关联指标如下：

$$FDI\_Sector_{it}^{backward} = \sum_{if\ k \neq i} \beta_{ikt} \times FDI\_Sector_{kt} \qquad (4-5)$$

式（4-5）度量了下游 k 行业中外资企业通过向 i 行业购买中间投入品而发生的后向关联效应。其中，$FDI\_Sector_{it}^{backward}$ 表示后向关联系数，β_{ikt} 表示 i 行业的产出投入到 k 行业的比重。

基于以上分析，本书借鉴 Lu 等（2017）的做法，构建前、后向关联指标的工具变量分别为 $\sum_{if\ m \neq i} \alpha_{imt} \times FDI_m \times Post02_t$、$\sum_{if\ k \neq i} \beta_{ikt} \times FDI_k \times Post02_t$。

表 4.6 汇报了逐步加入前、后向关联指标的两阶段回归结果。可以看到，

---

① 投入产出系数由 2002 年投入产出表所得。

在考虑了产业间关联效应之后，*FDI_Sector* 的系数均显著为正，表明行业内外资进入确实通过积极的水平溢出对下游企业产生积极的技术溢出效应，提高了我国内资企业的利润率。与已有文献研究一致，外资前向关联指标的估计系数显著为正，其原因在于：一方面，外资进入上游行业可以向下游行业提供较高质量的中间投入品，通过提升下游行业的技术水平改善了企业利润率（Javorcik，2004；Lileeva，2010；Lu et al.，2017）；另一方面，上游行业外资的进入，有助于激化中间投入品市场的竞争，促使中间投入品价格下降，通过成本渠道提升下游行业中企业利润率（Bourlès et al.，2010；Bas and Causa，2013）。而后向关联指标的系数符号并不稳定，由不显著变为显著为负，表明相较于前向关联显著的正效应，外资进入下游行业可能会致使上游本土供应商恶性竞争，进而降低了企业利润率（Lin et al.，2009）。

表 4.6　控制"产业关联效应"的再检验

	（1）	（2）	（3）
	IV	IV	IV
FDI_Sector	0.4208***	0.4392***	0.3662***
	（0.000）	（0.000）	（0.000）
FDI_Backward	0.0184		−0.1298***
	（0.211）		（0.000）
FDI_Forward		0.1052***	0.2577***
		（0.002）	（0.000）
年份固定效应	YES	YES	YES
行业固定效应	YES	YES	YES
Time-varying firm controls	YES	YES	YES
FDI determinants×Year dummies	YES	YES	YES
Tariff reductions×Year dummies	YES	YES	YES
SOE privatization×Year dummies	YES	YES	YES
样本数	1114516	1093062	1093062

续表

	（1）	（2）	（3）
	IV	IV	IV
First-stage estimation			
$FDI×Post02$	0.0212***	0.0133**	0.0248***
	（0.003）	（0.014）	（0.001）
$\alpha×FDI×Post02$	0.0493***		0.0473***
	（0.000）		（0.000）
$\beta×FDI×Post02$		0.0641***	0.0809***
		（0.000）	（0.000）

注：①*表示10%的显著性水平，**表示5%的显著性水平，***表示1%的显著性水平；②括号内为回归系数的相伴概率，基于行业一年份层面聚类稳健标准差计算所得，其中，回归系数的标准差进行了 Bootstrap（300次）调整。

此外，弱工具变量检验的 F 统计值均大于临界值 10，表明基于以上方法构建的工具变量指标不存在弱识别问题，采用该方法构建前、后向关联系数的工具变量是有效合理的。

（五）其他稳健性检验

本部分中，我们就可能影响本章基本结论的潜在问题进行探讨并给予更多稳健性检验。

第一，前文中，我们主要以企业的全部销售额作为权重来衡量行业的外资进入程度。然而，外资企业的产出中有很大一部分直接用于出口，因此，未考虑外资企业中用于出口的部分显然会高估行业的外资进入程度。基于以上分析，我们在企业销售额中剔除了出口额，并将其作为权重来重新测算行业的外资进入程度。表4.7第（1）列的回归结果显示，外资进入仍显著促进了我国内资企业利润率的提升。

第二，基准回归中考察了外资进入对我国内资企业利润率的线性影响，但外商直接投资与本土企业之间并非简单的线性关系（Barrios et al.，2005；

Aghion et al.，2009）。Aghion 等（2009）基于英国数据的研究发现，英国外资企业的进入对制造业企业的研发创新与生产效率之间存在倒"U"形关系，当外资进入程度超过一个临界值时，其对企业绩效将表现为明显的负面效应。那么，本章的基本结论是否会因这一非线性关系的影响而产生变化？基于此，我们将外资进入的二次项（*FDI_ Sector*2）加入回归中进行稳健性检验。表4.7 第（2）列的回归结果表明，在考虑了外资的非线性影响后，外资进入的系数仍显著为正，外资进入显著促进了内资企业利润率提升。同时外资进入二次项的系数显著为负，这证实了既有研究中非线性关系的存在，我们对此进行简单测算，表明当外资进入程度大于36%时，将对我国内资企业利润率产生负面影响。

　　第三，2002 年外资准入管制政策的调整会影响外资企业具体的进入方式，即外资企业是采取独资形式还是中外合资形式。Lu 等（2017）的研究指出，相较于2002 年之前，2002 年外资准入政策的调整，促使更多的外资企业采用独资形式进入我国市场。为排除政策调整前后外资企业进入我国市场的具体形式对企业利润率产生的差异化影响，我们加入外商独资企业（*Wholly-Owned*）作为控制变量，再次进行检验。表4.7 中第（3）列的回归结果显示，外资进入的系数与显著性并未发生较大变化，我们的研究结论是稳健的，大规模外资进入对我国内资企业利润的影响是积极正向的。

　　第四，基准回归主要采用本书样本初始年份（1998 年）的行业特征变量与年份虚拟变量的交叉项，来控制潜在的样本选择问题。为进一步验证本章研究结论的稳健性，借鉴Lu 等（2017）的做法，采用2001 年行业特征变量与年份虚拟变量的交叉项再次进行实证检验。表4.7 第（4）列的回归结果表明，我们的研究结论并未因特定行业特征年份的选取而产生差异。

　　第五，2002 年外资准入政策的放松，吸引了大量外资流入我国，这势必会加剧产品市场竞争，进而加速企业的市场进入与退出。因此，考虑到行业内企业进入退出的动态性，进一步控制企业的进入与退出对研究结论的干扰，

我们将研究对象限定为样本期间内持续存在的内资企业。由表 4.7 中第
（5）列的回归结果可知，*FDI_Sector* 的估计系数依然显著为正。这一结果表
明控制了企业的进入与退出之后，本书的回归结果仍然是稳健的，并且，外
资进入带来的积极的市场效应在持续存在企业中依然存在。

第六，在本书考察的样本期间内，我国政府也于 2004 年对《指导目录》
进行了小幅调整来应对国内外经济发展形势的变化。正如我们在第三章所述，
通过详细对比 2002 年和 2004 年的《指导目录》，发现 2004 年的《指导目
录》仅在鼓励和允许外商投资产业目录中，有 11 个 4 分位行业，共 15 条目
录发生了轻微变化，而限制与禁止外商投资产业目录中并未发生任何变化。
因此，相较于 2002 年，2004 年的《指导目录》只是在原有产业目录内的微
调，理应不会对本书的估计结果产生较大偏误（Lu 等，2017）。[①]

在此，为排除 2004 年外资准入政策调整对本书基本结论的干扰，我们将
样本期间设定为 2000~2003 年（政策实施前后两年），再次进行验证。根据
表 4.7 第（6）列的回归结果可知，2002 年外资准入管制政策的调整确实促
进了我国内资企业利润率的提升，估计结果是稳健的。

表 4.7　其他稳健性检验

	（1）	（2）	（3）	（4）	（5）	（6）
	IV	IV	IV	IV	IV	IV
	剔除 出口额	非线性 关系	外商独资 企业	行业特征 （2001）	持续存在 企业	2000~ 2003 年 样本
FDI_Sector	0.2513***	3.2486***	0.3322***	0.3869***	0.2855***	1.5619***
	(0.000)	(0.006)	(0.000)	(0.000)	(0.000)	(0.010)
FDI_Sector^2		−4.5312***				
		(0.006)				

---

① 2004 年与 2002 年《指导目录》的差异比较与描述详见附录 C。

续表

	（1）	（2）	（3）	（4）	（5）	（6）
	IV	IV	IV	IV	IV	IV
	剔除出口额	非线性关系	外商独资企业	行业特征（2001）	持续存在企业	2000~2003年样本
Wholly-Owned			-0.0426***			
			(0.000)			
年份固定效应	YES	YES	YES	YES	YES	YES
行业固定效应	YES	YES	YES	YES	YES	YES
Time-varying firm controls	YES	YES	YES	YES	YES	YES
FDI determinants×Year dummies	YES	YES	YES	YES	YES	YES
Tariff reductions×Year dummies	YES	YES	YES	YES	YES	YES
SOE privatization×Year dummies	YES	YES	YES	YES	YES	YES
样本数	1134707	1134707	1121915	1134707	190784	363396

注：①*表示10%的显著性水平，**表示5%的显著性水平，***表示1%的显著性水平；②括号内为回归系数的相伴概率，基于行业—年份层面聚类稳健标准差计算所得，其中，回归系数的标准差进行了 Bootstrap（300次）调整。

第三节　拓展分析

前文就外资进入对我国内资企业利润率的影响进行了初步考察，并从多个方面就研究的稳健性给予检验，验证了外资进入在改善企业利润率上的积极作用。那么，外资进入是通过哪些渠道促进了内资企业利润率的提升呢？企业的异质性特征又会怎样对外资进入做出反应呢？为了对这些问题进行解答，本节将从机制途径与异质性角度进一步探讨外资进入对企业利润率的影响。

一、影响机制分析

理论而言，企业利润是企业收益与成本的差额，也就是说，企业利润的提升，一方面来源于收益的增加，即产出的扩大与产品价格的上升；另一方面来源于自成本的下降，也就是生产效率的提高。基于此，为进一步探讨外资进入对我国内资企业利润率的作用机制，我们借鉴盛丹和刘灿雷（2016）的研究，从企业规模（企业总产出的对数值）、管理费用（企业管理费用支出占总产出比重的对数值）、劳动生产率（企业增加值与就业人数比值的自然对数）、资本生产率（企业增加值与实际资本存量比值的自然对数）和企业市场定价势力（Markup）方面，就外资进入促进内资企业利润的提升的微观影响机理给予相应的解释。其中，企业市场定价势力根据 De Loecker 和 Warzynski（2012）的测算方法所得。

表 4.8 汇报了两阶段工具变量法的回归结果。从企业规模来看，外资进入明显扩大了内资企业的生产规模；从管理费用来看，*FDI_Sector* 的系数显著为负，表明外资进入通过积极的示范效应，显著降低了内资企业的管理费用，提高了企业的管理效率。从劳动生产率来看，外资进入显著提高了内资企业的生产效率（冯根福和毛毅，2015），这也证实了前文中劳动力转移效应的积极影响。同样，外资进入也显著促进了企业资本生产率的提升。从定价势力来看，本书借鉴余森杰和智琨（2016）的研究，从成本加成的角度考察了外资进入对内资企业利润率的提升渠道。表 4.8 第（5）列的结果表明，外资进入显著提升了内资企业的成本加成，从而增加了企业利润率（Konings et al.，2005）。整体而言，外资进入改善了内资企业利润率水平，一方面体现在内资企业生产规模的扩大和市场定价势力的提升；另一方面体现在内资企业劳动与资本生产效率的提高。可见，外资进入正是通过这两个方面的机制与渠道增强了我国内资企业的盈利能力。

表4.8　影响机制的估计结果

	（1）	（2）	（3）	（4）	（5）
	IV	IV	IV	IV	IV
	规模	管理费用	劳动生产率	资本生产率	Markup
FDI_Sector	2.6392***	−1.6493***	3.6298***	4.8325***	0.4379***
	（0.000）	（0.001）	（0.000）	（0.000）	（0.000）
年份固定效应	YES	YES	YES	YES	YES
行业固定效应	YES	YES	YES	YES	YES
Time−varying firm controls	YES	YES	YES	YES	YES
FDI determinants×Year dummies	YES	YES	YES	YES	YES
Tariff reductions×Year dummies	YES	YES	YES	YES	YES
SOE privatization×Year dummies	YES	YES	YES	YES	YES
样本数	1133423	1125505	1133412	1133410	1130924

注：①＊表示10%的显著性水平，＊＊表示5%的显著性水平，＊＊＊表示1%的显著性水平；②括号内为回归系数的相伴概率，基于行业—年份层面聚类稳健标准差计算所得，其中，回归系数的标准差进行了 Bootstrap（300 次）调整。

二、异质性检验

从企业层面来看，我国内资企业在所有制形式和贸易方式方面仍存在较大的差异，相较于其他类型企业，国有企业拥有明显的所有制优势，并且，一般而言，出口企业生产效率较高，而加工贸易企业往往由低效率企业所主导；从行业层面来看，我国内资企业的竞争优势一般体现在低技术行业中，而在高技术行业上发展不足；从区域发展方面来看，东部地区的经济发展和市场化程度要明显高于中西部地区。鉴于此，接下来本小节将从企业所有制、企业贸易方式、企业所处区域特征以及行业特征方面探讨外资进入对我国内资企业利润率的异质性影响。

（一）企业所有制差异

我国当前正处于市场经济转型时期，不同所有制企业在生产经营方面具有显著的差异。与其他所有制企业相比，国有企业由于受到明显的政治庇佑和市场保护，在面临外资竞争时，缺乏有效的市场激励，难以获取外资进入带来的正向溢出效应（Du et al.，2011；包群等，2015）。基于此，为探讨外资进入对不同所有制企业利润率的异质性影响，本书分别对国有企业、集体企业与民营企业进行分样本估计，估计结果见表4.9。可以看到，外资进入显著促进了集体企业与民营企业利润率的提升，但对国有企业的影响为正却并不显著，表明外资进入的积极效应更多地集中在民营企业与集体企业中。

表 4.9　企业所有制分样本估计结果

	（1）	（2）	（3）
	IV	IV	IV
	国有企业	集体企业	民营企业
FDI_Sector	0.6635	0.4641 ***	0.2027 ***
	（0.178）	（0.000）	（0.001）
年份固定效应	YES	YES	YES
行业固定效应	YES	YES	YES
Time-varying firm controls	YES	YES	YES
FDI determinants×Year dummies	YES	YES	YES
Tariff reductions×Year dummies	YES	YES	YES
SOE privatization×Year dummies	YES	YES	YES
样本数	187373	267489	674302

注：①＊表示10%的显著性水平，＊＊表示5%的显著性水平，＊＊＊表示1%的显著性水平；②括号内为回归系数的相伴概率，基于行业—年份层面聚类稳健标准差计算所得，其中，回归系数的标准差进行了Bootstrap（300次）调整。

（二）企业贸易方式差异

在前文的研究中，我们强调了外资进入本国市场对内资企业利润率提升方面的积极作用。然而，由于企业在贸易方式上存在显著差异，其主要面临的市场也有所不同。纯内销企业仅在本国市场中从事生产销售活动，而出口企业则有一定部分的产品面向海外市场，并且加工贸易企业又与非加工贸易企业在生产和销售上有着本质的不同，其原材料与产品"两头在外"的特征使其有别于一般贸易企业。因此，外资进入对这三种类型企业行为和利润率的影响也会有所差异。基于此，本书区分了企业不同贸易方式进行分样本回归。[①] 根据表 4.10 第（1）、（2）列的回归结果表明，外资进入显著改善了纯内销企业的利润率水平，而对一般贸易企业的影响无论是从系数还是显著性上都要低于纯内销企业。究其原因可能是，一般贸易企业有一定比例的产品面向海外市场，从而较好地规避了外资进入的市场竞争，那么，相较于内销企业而言，外资进入带来的市场竞争对于一般贸易企业则相对较低，对应的利润率促进作用也相对较弱。从第（3）列的回归结果可知，外资进入对加工贸易企业的影响不显著。这一结论表明，适度地鼓励与引导企业尤其是本土企业，由一味的出口依赖转向本国市场内需，将有助于扭转当前我国企业面临的出口越多，利润率越低的出口困境。

表 4.10　企业贸易方式分样本估计结果

	（1）	（2）	（3）
	IV	IV	IV
	纯内销企业	一般贸易企业	加工贸易企业
FDI_Sector	0.3807 ***	0.2080 **	0.6523
	（0.000）	（0.034）	（0.940）
年份固定效应	YES	YES	YES
行业固定效应	YES	YES	YES
Time-varying firm controls	YES	YES	YES
FDI determinants×Year dummies	YES	YES	YES
Tariff reductions×Year dummies	YES	YES	YES

① 考虑到《海关数据库》与《工业库》进行匹配会损失大量企业样本，本书借鉴田魏和余淼杰（2014）的研究，将企业出口额占企业销售额比重大于 0 但小于 75% 的企业定义为一般贸易企业，将该比值大于 75% 的企业定义为加工贸易企业。

	（1）	（2）	（3）
	IV	IV	IV
	纯内销企业	一般贸易企业	加工贸易企业
SOE privatization×Year dummies	YES	YES	YES
样本数	921240	123967	89500

注：① * 表示 10% 的显著性水平，* * 表示 5% 的显著性水平，* * * 表示 1% 的显著性水平；②括号内为回归系数的相伴概率，基于行业—年份层面聚类稳健标准差计算所得，其中，回归系数的标准差进行了 Bootstrap（300 次）调整。

（三）行业技术水平差异

长期以来，我国在低技术行业具有明显的市场竞争优势。然而，随着我国劳动力等生产要素成本的上升，如何优化产业结构，增强我国在高技术行业的市场竞争力，已成为进一步助推中国经济增长的重要动力。鉴于此，我们根据 OECD 的制造业技术划分标准，将企业所在行业类型区分为低技术行业、一般技术行业与高技术行业，以期考察外资进入对高中低技术水平的异质性效应。换句话说，倘若外资进入对高技术行业的促进作用更为明显，则意味着过去的外资自由化政策对推动我国高技术行业发展产生了积极的促进作用。若对高技术行业作用并不明显，则意味着过去的外资自由化政策在促进国内产业结构调整方面作用有限，亟须优化外资自由化管制政策，以更好地发挥外资进入对国内产业结构升级、经济增长的促进作用。

表 4.11 汇报了基于行业技术水平差异的异质性检验回归结果。实证检验发现，FDI_Sector 的估计系数在低技术行业显著为负，在一般技术行业显著为正，而在高技术行业并未通过统计显著性检验。这一结果表明，外资进入对我国一般技术行业的发展存在积极的促进作用，但对高技术行业的发展并未产生显著的积极影响。由此可知，过去的外资自由化政策在促进国内高技术行业发展，优化产业结构方面作用有限。因此，现阶段如何优化外商直接投资、引导更高水平、高质量的外资流入，进而推动国内高技术行业发展仍

是我国政府亟待解决的重要问题。我们一方面肯定了外资进入的积极效应；另一方面也指出了当前引进外资的不足之处，这对调整和改进外资引进政策，更好地发挥外商直接投资的经济增长效应，具有明显的政策含义。

表4.11　行业技术水平分样本估计结果

	（1）	（2）	（3）
	IV	IV	IV
	低技术行业	一般技术行业	高技术行业
FDI_Sector	-0.4132***	0.2437***	0.0560
	（0.000）	（0.000）	（0.941）
年份固定效应	YES	YES	YES
行业固定效应	YES	YES	YES
Time-varying firm controls	YES	YES	YES
FDI determinants×Year dummies	YES	YES	YES
Tariff reductions×Year dummies	YES	YES	YES
SOE privatization×Year dummies	YES	YES	YES
样本数	756672	682789	30105

注：①*表示10%的显著性水平，**表示5%的显著性水平，***表示1%的显著性水平；②括号内为回归系数的相伴概率，基于行业—年份层面聚类稳健标准差计算所得，其中，回归系数的标准差进行了Bootstrap（300次）调整。

（四）区域间差异

我国不同区域在自然资源禀赋和经济发展程度等方面存在显著的差异，整体来看，中西部地区在自然资源和劳动力资源上较为富裕，而资本较为缺乏，而东部地区在资本、基础设施和制度软环境上具有明显的优势。由于我国不同区域间存在较大的差异，本书有必要从区域特征角度探讨外资进入对企业利润率的异质性影响。为此，本书将样本分为东部地区、中部地区和西部地区三个子样本，分别进行回归。根据表4.12的回归结果可知，外资进入均显著促进了企业的利润率的改善，但西部地区的回归系数要显著大于中部地区及东部地区，可见，外商直接投资向西部地区的流入，更为大幅度地提升了该区域中企业的利润率水平。这一结论同时表明，更多地引导外资流入东西部地区，优化外资区域布局，"因地制宜"的利用外资，对于增强东西部地区竞争力、促进我国区域经济协调发展具有重要的现实意义。

表4.12　企业所在区域分样本估计结果

	（1）	（2）	（3）
	IV	IV	IV
	东部地区	中部地区	西部地区
FDI_ Sector	0.2951***	0.3232**	0.7289**
	（0.000）	（0.022）	（0.010）
年份固定效应	YES	YES	YES
行业固定效应	YES	YES	YES
Time-varying firm controls	YES	YES	YES
FDI determinants×Year dummies	YES	YES	YES
Tariff reductions×Year dummies	YES	YES	YES
SOE privatization×Year dummies	YES	YES	YES
样本数	779610	223926	131170

注：①＊表示10%的显著性水平，＊＊表示5%的显著性水平，＊＊＊表示1%的显著性水平；②括号内为回归系数的相伴概率，基于行业一年份层面聚类稳健标准差计算所得，其中，回归系数的标准差进行了Bootstrap（300次）调整。

本章小结

利润率作为企业经营绩效的基础与核心，是企业生存之本，不败之源。然而，已有研究在考察外资进入对我国企业绩效的影响时，多集中于对企业生产效率的研究，如全要素生产率，忽视了盈利能力在企业生存与发展中的决定性作用。并且，值得注意的是，即使是基于企业生产效率角度评估外商直接投资对企业绩效的影响，现有研究仍未达成统一的共识，"抑制论"和"促进论"共存，究其原因在于，从行业实际外资进入度量外资进入，进而考察外资进入的市场效应及其对企业绩效的影响，存在明显的内生性问题，不有效解决与克服这一问题确实会导致有偏误的研究结果。本章立足于对企业盈利能力的考察，从企业绩效的核心因素全面评估外资进入的市场效应，并采用工具变量法进行回归分析，弥补了既有研究在识别外资中的不足之处。

研究发现，大规模外资进入并没有恶化我国内资企业的利润率，反而对企业利润率产生了显著的提升作用。从多个方面的稳健性检验进一步佐证了本章的基本研究结论。继续对其背后微观机理的分析，我们发现，外资进入通过扩大企业的市场规模、降低企业内部管理费用、促进劳动与资本生产率、提高企业市场定价势力对内资企业利润率产生了显著的正向影响。此外，对企业异质性的进一步考察，我们得出，外资进入显著促进了民营企业和集体企业、纯内销企业和一般技术行业企业利润率的提升，并且对西部地区企业的利润率产生了可观的改善。这一研究结论对于我国更好地利用外资，优化产业结构，促进产业转型升级和区域协调发展，具有重要的意义：

一是继续拓宽对外开放领域，深入推进高水平对外开放，以更积极主动的姿态引进外资，对于我国经济发展、产业转型、改革创新具有显著的促进作用。这就要求我国从外资管理体制着手，推进外资管理体制改革，提升外资引入质量与外资利用效率。具体地，应进一步完善《外商投资产业指导目录》，健全外资管理的负面清单机制，形成统一、规范、透明的外商投资准入指导，进而提高利用外资水平。

二是进一步推进和深化市场化改革，关键在于放开对国有企业的行政庇佑与市场保护，给予不同所有制企业之间平等的市场竞争环境，进而发挥民营企业在激发市场活力、促进经济发展中的积极作用。与此同时，完善健全市场进入与退出机制，营造动态高效的市场竞争机制，利用外资提升我国产业结构，加快产业结构优化升级。

三是在鼓励企业出口方式升级的同时，应适度引导企业，尤其是本土企业由一味的出口依赖向内需拉动转变，开辟以内需为导向的新兴市场，从而扭转当前我国企业出口越多，利润越低的出口困境。

四是不断优化外商直接投资的区域布局，利用外资缩小区域间经济发展差距。具体地，积极鼓励外商在西部地区进行投资，扩大西部地区的投资产业范围，将确实可以发挥地区优势，但不属于《外商投资产业指导目录》允许与鼓励类的外商投资项目，列入《中西部地区外商投资优势产业目录》，"因地制宜"地利用外资，促进我国区域间经济协调发展。

第五章

外资进入与企业研发创新

Schumpeter（1950）在对创新理论的研究中，肯定了内源融资在企业研发创新中的决定性作用，加之我国现阶段金融市场的发展仍相对滞后，资金配置效率仍较低，使以企业自有利润积累为主的内源融资就成为企业从事研发创新活动的决定性因素。那么，外资进入在促进我国企业利润率提升的同时，是否也对我国企业研发创新产生了显著的正向影响？其背后的作用机制如何？本章利用2001~2007年翔实的微观企业数据和研发支出数据，继续从企业绩效的研发创新方面，对大规模外资进入如何作用于我国企业研发创新进行全面考察，并基于企业异质性分析了外资进入对制造业企业的异质性影响。

本章第一节在理论分析的基础上提出了研究假说；第二节详细介绍了选取的计量模型及设定；第三节为实证分析部分；第四节对基准研究进行了拓展分析；最后为本章小结，对结论给予全面述评。

第一节　研究假说的提出

早期的熊彼特增长模型基于非完全竞争市场理论，阐明了企业从事研发创新活动的动力源泉，其认为企业在产品市场上的垄断地位能够使企业实现可观的超额利润，进而垄断激励企业创新，并且，超额垄断利润可以为企业在后续的研发创新活动中提供充足的资金支持，而市场竞争机制的强化则降低了企业的垄断利润，减少了企业创新投入所需的资金来源，削弱了企业从事研发创新的内在动力（Aghion and Howitt，1992）。然而，大量基于国别数据的经验研究却发现熊彼特增长理论与国家现实情形是不尽一致的，即竞争机制与企业研发创新或是经济增长显著正相关，这些研究指出，激化的产品市场竞争在缩小企业生存空间的同时，也迫使行业中在位企业适时调整自己的经营行为以逃离外部竞争带来的生存威胁，优胜劣汰的生存法则促使企业不断地对生产工序、产品质量及自身效率进行完善、改进与创新，以获取在竞争中的战略效应和先动优势，竞争因此激发了企业的研发创新行为。

进一步地，从产业组织理论方面来讲，竞争与创新二者之间关系也依赖于具体的产业结构。Aghion 等（2005）在对竞争与创新的研究中，将产业结构区分为 LL 型（Leader-Laggard）和 NN 型（Neck-and-Neck）。在 LL 型产业中，领导企业与跟随企业的技术水平差距较大，领导企业往往可以通过市场势力来获取超额利润，因此，在这类型产业结构中，跟随企业有通过创新提升自己竞争能力从而成为行业领导者的潜在动力。而在 NN 型产业中，企业的技术差距较小，行业内企业间的竞争相对激烈，此时，研发创新就成为企业逃离产业内竞争的主要方式。

从上述分析可知，竞争将会对企业研发创新行为产生两种截然不同的效应：一是熊彼特效应（Schumpeterian Effect），也就是进入产生的租金消散效应会降低企业的创新激励；垄断激励企业创新，而竞争抑制了企业从事研发创新活动；二是逃离竞争效应（Escape-Competition Effect），即企业可以通过积极地从事研发创新活动来逃离产业内竞争，此时，市场竞争显著地促进了企业的研发创新行为。正是这两种相反的效应塑造了产业内企业研发创新活动的动态过程，但最终竞争的激化会如何影响到企业研发创新活动，就取决于上述两种效应的势力对比。倘若逃离竞争效应居于主导地位，那么竞争非但不会抑制企业从事研发创新，反而会提升企业的研发创新水平（Aghion et al.，2005；Acemoglu et al.，2006）。就我国具体情况而言，产业结构基本属于 NN 型，并且行业内企业间的技术差距呈现出不断缩小的趋势，在这种情况下，中国产业内部企业的逃离竞争效应就会占优于熊彼特效应（张杰等，2014），也就是说，外资进入带来的市场竞争将会积极地促进企业研发创新。鉴于此，我们提出：

假说1：外资进入显著促进我国企业的研发创新活动。

然而，上述假设是以外资进入引起的竞争效应对行业内所有企业具有同等作用为前提的，但事实上，行业内不同企业在生产效率方面，往往具有较大的差异，即使是在很狭窄的产业范围内，这一差异也是普遍存在的。这就使不同企业在面临外部竞争环境变化时，会做出不同的反应（陈艳莹和吴龙，2015；宋赛虎和李娜，2024）。由于企业的研发创新活动需要大量持续的资金支持且面临着较大的风险及不确定性，沉没成本较高和回报率的不确定性使这类投资面临着严重的外部融资约束，而我国金融市场发展相对滞后，从资本市场获得创新资金的渠道仍不畅通，企业想要通过外部渠道获取资金支持也就难以实现。这就使以自有资金为主的内源融资成为企业进行研发投入的主要资金来源，而内源融资多寡又与企业的生产率水平和利润率密切相关。因此，在一个行业内，只有生产率水平相对较高、盈利能力较强的企业才有能力通过内源融资加大研发投资力度来逃离外资进入带来的竞争威胁，而生产率水平较低、盈利能力较差的企业因内部资金不足而缺乏进行研发投入的能力，在面对外资竞争时难以获得正向的积极作用。由此可见，外资进入对行业内企业的影响因企业生产率水平的不同而产生差异，逃离竞争效应的积极影响更多地集中在高生产率企业中，对于低生产率水平企业更多的是消极的"熊彼特效应"。

鉴于以上分析，本章从技术距离的角度出发，全面考察外资进入与企业创新之间的非线性关系，行业内外资进入对企业的研发创新活动的影响依赖于企业与前沿技术水平间的差距，对于与前沿技术水平较为接近的企业，竞争显著降低了企业事前的研发投入成本，增加了企业的净利润，进而激发企业采用研发创新的方式来逃离与规避竞争。而对于与前沿技术水平距离较大的企业，竞争的加剧侵蚀了企业的一部分利润所得，降低了其研发创新活动事后的利润预期，净收益的减少进一步削弱了企业从事创新活动的积极性。由此可知，积极的"逃离竞争效应"在与前沿技术水平较近的企业中更加明显（Aghion et al.，2009；Baghdasaryan et al.，2016）。鉴于此，我们提出：

假说2：外资进入对企业研发创新的影响取决于企业生产率的异质性，与前沿技术水平更接近的企业更易获取外资竞争带来的积极效应。

第二节　计量模型设定

本章将着重探讨外资进入的市场效应对我国制造业企业研发创新的影响，而对此问题进行考察的关键在于，外资进入是否显著促进了我国企业研发创新活动，其影响是否随着企业与前沿技术水平的距离变化而有所差异。为此，参考 Aghion 等（2009）和孙浦阳等（2015）的研究，引入外资进入与技术距离的交互项构建计量模型，模型的具体设定如下：

$$Pro(rd_{fit}=1)=\varphi(\alpha+\beta_1 FDI\_Sec_{it}+\beta_2 FDI\_Sec_{it}\times Tech_{fit}+\beta_3 Tech_{fit}+\gamma X+\varepsilon_{fit}) \quad (5-1)$$

$$\ln(rd_{fit}+1)=\alpha+\beta_1 Entry_{it}+\beta_2 Entry_{it}\times Techgap_{fit}+\beta_3 Techgap_{fit}+\gamma X+\varepsilon_{ft} \quad (5-2)$$

其中，下标 f 表示制造业企业；下标 i 表示国民经济行业分类标准（CIC）的四分位制造业行业；下标 t 表示样本年份。

我们分别从企业研发创新决策和研发创新投入两个方面进行考察。计量式（5-1）为 Probit 模型，用以考察外资进入对我国企业研发创新决策的影响，在此，设定企业研发创新决策虚拟变量，若企业研发投入为正，则该虚拟变量为1，否则为0；计量式（5-2）构建半对数模型，用以考察外资进入对企业研发创新投入的影响，鉴于企业研发投入指标中大量零值的存在，将企业研发投入额加1再取自然对数，以此作为式（5-2）的被解释变量。

外资进入（FDI_Sec_{it}）、技术距离（$Tech_{fit}$）和二者的交叉项（$FDI\_$

$Sec_{it} \times Tech_{fit}$）为解释变量。行业实际外资进入（$FDI\_Sec_{it}$）指标与前文保持一致，使用行业中所有企业的外资份额以销售额作为权重的加权平均值来度量（Javorcik，2004；罗伟和葛顺奇，2015；Lu et al.，2017）。FDI_Sec_{it} 越大，表明行业实际外资进入程度就越高；$Tech_{fit}$ 为技术距离指标，该指标越小，表明企业技术水平更接近世界前沿技术水平。本章中关注的系数是外资进入的系数 β_1 和交叉项的系数 β_2。根据前文的研究假说，我们认为，外资进入对企业研发创新水平有显著的积极影响，并且随着外资的持续进入，行业内市场竞争程度将愈加激烈，这就促使行业内技术距离更接近前沿技术的企业更多地从事研发创新活动，因此，我们初步预期外资进入的系数 β_1 显著为正，并且其与技术距离交叉项的系数 β_2 将显著为负。

在技术距离的测度上，借鉴 Bourlès 等（2010）、Bas 和 Causa（2013）的做法，将行业内领导企业的生产率作为前沿技术水平，设定制造业企业与前沿技术距离如下：

$$Tech_{fit} = \ln(TFP_{fit}^{max}) - \ln(TFP_{fit}^{D}) \tag{5-3}$$

其中，$Tech_{fit}$ 表示在时期 t 行业 i 内企业 f 与世界技术前沿的技术距离；$\ln(TFP_{fit}^{max})$ 表示行业 i 内生产率水平最高的企业；$\ln(TFP_{fit}^{D})$ 表示行业内的跟随企业。该技术距离即表明行业内企业与世界前沿技术水平的相对位置，随着该指标增大，企业越落后于世界技术前沿，技术距离就越远；反之，则表明企业技术水平越高，技术水平与世界前沿技术水平越接近。

另外，在样本数据中存在着企业较为频繁地进入与退出现象，因此，为较好地控制企业进入和退出导致的样本选择性偏差，仍主要采用 OP 方法（Olley and Pakes，1996）测算的全要素生产率作为企业生产率的度量指标。

进一步地，在实证分析中，我们还加入了其他可能影响企业研发创新活动因素作为控制变量（X），具体地包括以下变量：

企业年龄（Age），采用当年年份与企业成立年份的差值衡量；资本密集度（$LnKL$），即在企业固定资产净值与雇佣劳动人数比值的基础上取对数；

企业出口状态（*EXP*），当企业出口额为正时，出口状态虚拟变量取值为1，否则取值为0；企业利润率（*Profit*），为企业总利润与销售额比值；企业规模（*Size*），用企业雇佣人数的对数值来衡量；企业所有制类型（*SOE* 和 *FIE*），若企业为国有企业，则国有企业虚拟变量取值为1，否则为0；若企业为外资企业，则外资企业虚拟变量为1，否则为0。表5.1为变量的描述性统计结果，包含了变量详细的基本信息。

表 5.1　变量的统计描述

	变量	变量名称	均值	标准差	最大值	最小值
被解释变量	*RD_Dummy*	创新决策	0.1553	0.3622	1	0
	Ln（*RD*+1）	创新规模	0.6966	1.8413	15.7816	0
解释变量	*Entry*	外资进入	0.2478	0.1530	0.7446	0.0128
	Techgap	技术距离	2.5867	0.9251	5.2763	0
	Entry×Techgap	交互项	0.6407	0.4786	3.8685	0
控制变量	*Age*	企业年龄	8.8234	9.9364	100	0
	LnKL	资本密集度	3.5876	1.2252	10.4517	0.0011
	EXP	企业出口状态	0.2867	0.4522	1	0
	Profit	企业利润率	0.0329	0.0788	0.4049	−0.6464
	Size	企业规模	4.7139	1.0849	11.9251	2.0794
	SOE	国有企业虚拟变量	0.0788	0.2695	1	0
	FIE	外资企业虚拟变量	0.2077	0.4057	1	0

注：笔者整理汇编，来源于2001~2007年中国工业企业数据库。

同时，为避免回归过程中出现重要解释变量遗漏问题，我们加入二分位行业虚拟变量，用以控制行业层面不随时间变化的其他因素对回归造成的影响；加入年份虚拟变量，用以控制时间维度可能存在的宏观经济冲击；加入省份虚拟变量，用以控制地区间差异。此外，为控制回归估计中潜在的异方差和序列相关问题，借鉴Bertrand等（2004），在企业层面对标准差进行了聚类调整。

在数据来源方面：企业研发投入的数据主要来自 2001~2007 年中国制造业企业微观数据，以此对外资进入与制造业企业研发创新的关系进行考察；在数据处理方面：在第三章数据处理的基础上，删除了研发支出与新产品产值小于 0 的企业样本。

　　此外，下文内生性处理部分用到了印度制造业行业层面的关税数据。我们从 WTO 数据库中，获取了样本期间内印度产品层面（HS6 位码）的关税水平，并将 HS96、HS02、HS07 版本的印度关税数据分别与我国行业分类标准（CIC）进行匹配，从而得到 2001~2007 年印度制造业行业的关税数据。在稳健性检验中用到了美国制造业行业的劳动生产率，该指标来自 NBER 数据库。我们通过联合国网站颁布的 SIC 行业分类与我国行业分类标准（CIC）之间的匹配关系，将美国 SIC 行业匹配到中国制造业行业中。

第三节　实证分析

　　本章旨在考察外资进入对中国企业研发创新能力的影响，以及重新审视技术距离在外资进入影响企业研发创新的微观机制中扮演的重要角色。简而言之，即外资进入是如何凭借技术距离这一机制途径对我国制造业企业的创新行为产生异质性影响。具体而言，我们分别从企业研发行为和研发投入两个方面进行全面考察，通过采用 Probit 模型和固定效应模型以及 Tobit 模型，得出研究的基本结论。在此基础上，从内生性问题、指标再度量、样本选择问题等方面就基本结论给予更多的稳健性检验。

一、基准回归结果

　　本部分首先分析了外资进入与企业研发创新的初步回归结果，接着，从技术距离角度出发，探讨了外资进入影响企业研发创新的机制途径，得出本书的基准研究结论。

（一）初步回归

外资的大规模进入带来的市场竞争究竟对我国企业研发创新产生了何种影响？为对此问题进行考察，本部分仅将行业外资进入程度作为解释变量，未考虑技术距离因素，对外资进入与企业研发创新的关系进行初步探讨。具体的回归结果见表5.2。在表5.2中，第（1）、（2）列为计量方程式（5-1）的回归结果，采用Probit模型进行回归分析，考察了外资进入对企业研发创新决策的影响；第（3）、（4）列为计量方程式（5-2）的估计结果，采用Tobit模型予以考察外资进入对企业研发投入的影响。其中，第（2）、（4）列为加入企业层面控制变量的回归结果。由表5.2的初步估计结果可知，实际外资进入程度（FDI_Sec）的估计系数均显著为正，表明行业外资进入显著激发了企业研发创新活动，促进了企业研发创新能力的提升。

表5.2　初步回归结果

变量	RD_Dummy		Ln（RD+1）	
	Probit		Tobit	
	（1）	（2）	（3）	（4）
FDI_Sec	0.1294***	0.1210***	0.7298***	0.6585***
	（0.000）	（0.000）	（0.000）	（0.000）
Age		0.0058***		0.0309***
		（0.000）		（0.000）
$LnKL$		0.1261***		0.8418***
		（0.000）		（0.000）
EXP		0.1728***		1.0506***
		（0.000）		（0.000）
$Profit$		0.9595***		6.4938***
		（0.000）		（0.000）

续表

变量	RD_Dummy		Ln（RD+1）	
	Probit		Tobit	
	（1）	（2）	（3）	（4）
Size		0.2627***		1.8483***
		（0.000）		（0.000）
SOE		0.3221***		1.8553***
		（0.000）		（0.000）
FIE		−0.0543***		−0.4961***
		（0.000）		（0.000）
行业固定效应	YES	YES	YES	YES
年份固定效应	YES	YES	YES	YES
省份固定效应	YES	YES	YES	YES
样本数	1437041	1427207	1437034	1427200
R²	0.107	0.049	0.175	0.098

注：①＊表示10%的显著性水平，＊＊表示5%的显著性水平，＊＊＊表示1%的显著性水平；②括号内为回归系数的相伴概率，基于企业层面聚类稳健标准差计算所得；③Probit模型与Tobit模型中汇报的 R² 是 Pseudo R² 统计量。

（二）基准回归

接下来，本部分基于技术距离视角，分别从企业研发创新决策和研发投入两个方面，重新审视并全面评估了外资进入对我国制造业企业研发创新活动的异质性影响。表5.3报告了本章研究的基准回归结果：第（1）、（2）列为回归方程式（5-1）的估计结果，采用 Probit 模型考察了外资进入对我国制造业企业研发创新决策的异质性影响；第（3）、（4）列为回归方程式（5-2）采用固定效应模型（OLS），对外资进入影响企业研发创新的估计结果；第（5）、（6）列为回归方程式（5-2）采用 Tobit 模型的估计结果。其中，第（2）、（4）、（6）列为加入企业层面控制变量的估计结果。

从基准回归结果可以看到，外资进入与技术距离的交叉项这一核心解释变量的估计系数均在1%的显著性水平上显著为负，表明随着外资的大规模进入，与世界前沿技术距离越接近的企业，从事研发活动的倾向越高，其研发投入也就越多。也就是说，激化的竞争对企业研发创新的积极效应更多地被较高生产率企业所获取，"逃离竞争"效应更多地体现在与距离前沿技术更近的企业中。解释变量外资进入（*FDI_Sec*）的回归系数显著为正，表明无论在本国企业研发决策还是研发投入方面，外资进入均产生了显著的积极作用。这一结果与 Aghion 等（2009）的研究结论一致，其基于英国 *FDI* 流入对企业创新与生产效率的研究发现，外资进入显著促进了东道国企业生产率与创新能力的提升，并且这一效应集中体现在与前沿技术水平更接近的企业中。此外，技术距离的回归系数显著为负，表明在制造业各行业中，与前沿技术水平距离较远、差距越大的企业，其从事研发创新的概率也越小，研发投入支出也就越少。原因在于：外资进入带来的竞争减少了企业的超额利润，抑制了企业创新。

从控制变量的估计结果来看，企业年龄（*Age*）、资本密集度（*LnKL*）、企业出口状态（*EXP*）、企业利润率（*Profit*）、企业规模（*Size*）与国有企业虚拟变量（*SOE*）的估计系数均显著为正，表明出口企业、国有企业、经营年限较长、资本密集度与利润率越高、规模越大的企业在面临外部竞争时越有能力通过研发投资来"逃离竞争"，这与大多数研究结论保持一致。外资企业虚拟变量（*FIE*）的估计系数显著为负，这也符合现有研究结论，即为防止技术外溢风险，外资企业更倾向于将低研发密集度的生产活动转移至东道国，进而拉低了东道国企业的平均研发水平（Sanna-Randaccio and Veugelers，2007；罗伟和葛顺奇，2015）。

此外，考虑到企业研发投入变量存在明显的横截现象（近85%的制造业企业研发支出为0），采用 OLS 回归可能会造成本书估计结果有偏，鉴于此，表5.3也汇报了 Tobit 模型的回归结果，详见表中第（5）、（6）列，可以看到，回归结果与固定效应（OLS）的估计结果一致。

表 5.3 基准回归结果

	RD_Dummy		Ln (RD+1)		Ln (RD+1)	
	Probit		OLS		Tobit	
	(1)	(2)	(3)	(4)	(5)	(6)
FDI_Sec×Tech	−0.0938***	−0.0660***	−0.2157***	−0.1537***	−0.7867***	−0.5356***
	(0.000)	(0.000)	(0.000)	(0.000)	(0.000)	(0.000)
FDI_Sec	0.3786***	0.3145***	0.5760***	0.4331***	2.8215***	2.2105***
	(0.000)	(0.000)	(0.000)	(0.000)	(0.000)	(0.000)
Tech	−0.0250***	−0.0920***	−0.0400***	−0.1491***	−0.2248***	−0.6279***
	(0.000)	(0.000)	(0.000)	(0.000)	(0.000)	(0.000)
Age		0.0063***		0.0097***		0.0347***
		(0.000)		(0.000)		(0.000)
LnKL		0.1365***		0.2091***		0.9058***
		(0.000)		(0.000)		(0.000)
EXP		0.1685***		0.2600***		1.0126***
		(0.000)		(0.000)		(0.000)
Profit		0.6513***		1.1477***		4.2625***
		(0.000)		(0.000)		(0.000)
Size		0.2685***		0.4669***		1.8713***
		(0.000)		(0.000)		(0.000)
SOE		0.3354***		0.6339***		1.9250***
		(0.000)		(0.000)		(0.000)
FIE		−0.0562***		−0.1806***		−0.5061***
		(0.000)		(0.000)		(0.000)
行业固定效应	YES	YES	YES	YES	YES	YES
年份固定效应	YES	YES	YES	YES	YES	YES
省份固定效应	YES	YES	YES	YES	YES	YES
样本数	1437041	1427207	1437034	1427200	1437034	1427200
R^2	0.108	0.179	0.066	0.188	0.050	0.100

注：①*表示10%的显著性水平，**表示5%的显著性水平，***表示1%的显著性水平；②括号内为回归系数的相伴概率，基于企业层面聚类稳健标准差计算所得；③Probit 模型与 Tobit 模型中汇报的 R^2 是 Pseudo R^2 统计量。

（三）边际效应

对于线性模型来讲，其边际效应就是回归估计后产生的系数值；而就非线性模型来讲，其回归系数仅是一个概率值，不能对解释变量变动一个单位引起被解释变量多大程度的变动进行有效解释。因此，就有必要对二值响应模型的边际效应进行细致的分析。基于以上分析，本部分我们借鉴 Bourlès 等（2010）的研究，以表5.3第（2）列和第（4）列的基准回归结果为准，分别对行业外资进入影响企业研发行为决策和研发投入的边际效应进行模拟。详见图5.1。[①] 从图5.1中的模拟结果可以看到，边际效应的预测曲线均向右下方倾斜，且当技术距离相对较小时，边际效应显著为正，随着技术距离的扩大，边际效应为负，并逐渐呈现出负显著。这表明，外资进入对企业研发活动的影响随着企业技术距离的变化而发生变化，生产效率较高、与前沿技术距离越接近的企业，研发倾向越高，研发投入也越多，也就是说，外资进入的积极效应更多地被高生产率企业所吸收。

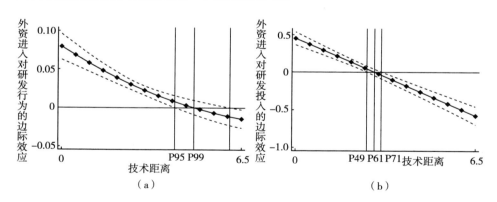

图5.1 外资进入对企业研发创新的边际效应

二、稳健性检验

上一小节中汇报了外资进入如何通过技术距离渠道对企业研发创新产生

---

① 图5.1（a）和（b）中，边际效应预测线的上下两条虚线为95%置信区间。

异质性影响的基准回归结果，得出了基本研究结论，接下来我们将对结论进行稳健性检验，分别从内生性问题、基于准自然实验的三重差分（DDD）模型、技术距离和研发创新指标的再检验、样本选择问题等多个方面，验证基准回归结果的稳健性。

（一）内生性问题

本部分将对回归分析中可能存在的内生性问题进行探讨和修正。一方面，逆向因果关系的存在会导致内生性问题。基准回归结果指出，外资进入使与技术水平前沿更加接近的企业更易于进行创新研发，然而，政府出于对弱小产业的发展给予保护、扶植的考虑，通常会制定一系列具有引导性的外资产业政策，使外资更多地进入技术水平较高、发展较成熟的行业，这就会导致逆向因果关系。另一方面，在回归估计中，遗漏解释变量或者一些不可观测因素以及解释变量存在测量误差也会导致潜在的内生性问题，使估计结果产生偏误。可以看到，对于内生性问题的细致探讨与修正是有必要的。解决内生性问题最常用的方法就是寻找与内生解释变量相关但与被解释变量无关的工具变量，以此代替内生解释变量进行回归估计。既有研究大多采用外资进入一阶滞后项作为外资进入的工具变量，但显然其滞后项会与残差相关，这同样会致使回归估计结果的不一致。通常来讲，一国的产业与外资政策往往与发展进程相似的邻国有很强的相关性，鉴于此，参考 Arnold 等（2011）、孙浦阳等（2015）的研究，选取印度的行业关税水平作为我国行业实际外资进入程度的工具变量，从而对本章研究中潜在的内生性问题进行处理。显然，印度的行业关税水平会对我国的行业外资进入程度产生影响，一般而言，印度关税水平的下降会吸引外资更多地流向印度而减少外资在我国市场的进入，但我国制造业企业的研发创新活动并不会对印度行业关税水平的调整造成影响。

表 5.4 中第（1）、（2）列为考察企业研发行为决策的两阶段 Probit 模型回归结果，第（3）、（4）列为考察企业研发投入的两阶段 OLS 回归结果。从

第一阶段回归结果来看，印度关税、印度关税与技术距离的交乘项的系数均在1%的显著水平上显著，表明印度关税与我国外资进入强相关。从第二阶段的回归结果来看，外资进入的系数仍然显著为正，且其与技术距离交叉项的系数仍显著为负，验证了本章研究的基准结论。此外，表5.4汇报了工具变量的有效性检验，工具变量的一系列检验表明本章工具变量的选取是合理有效的：对两阶段 Probit 模型进行检验的 Wald 检验在1%的显著性水平下，拒绝了工具变量回归不合理的原假设；工具变量识别不足的 LM（Kleibergen and Paap，2006）统计量和 Wald rk F 统计量均在1%的显著性水平上拒绝了"工具变量识别不足"的原假设，验证了两阶段 OLS 回归的有效性。

表5.4　工具变量回归结果

	RD_Dummy		Ln（RD+1）	
	IV−Probit		2SLS	
	（1）	（2）	（3）	（4）
FDI_Sec×Tech	−2.4297***	−1.8006***	−3.7722***	−2.2737***
	（0.000）	（0.000）	（0.000）	（0.000）
FDI_Sec	9.8708***	7.3827***	15.3506***	10.4394***
	（0.000）	（0.000）	（0.000）	（0.000）
Tech	0.5296***	0.3141***	0.8004***	0.3376***
	（0.000）	（0.000）	（0.000）	（0.002）
Age		0.0071***		0.0115***
		（0.000）		（0.000）
LnKL		0.1495***		0.2359***
		（0.000）		（0.000）
EXP		0.1393***		0.2109***
		（0.000）		（0.000）
Profit		0.5638***		1.0482***
		（0.000）		（0.000）
Size		0.2671***		0.4759***
		（0.000）		（0.000）

续表

	RD_Dummy		Ln（RD+1）	
	IV-Probit		2SLS	
	（1）	（2）	（3）	（4）
SOE		0.3236***		0.6417***
		(0.000)		(0.000)
FIE		-0.1409***		-0.3377***
		(0.000)		(0.000)
行业固定效应	YES	YES	YES	YES
年份固定效应	YES	YES	YES	YES
省份固定效应	YES	YES	YES	YES
Wald Test	78.74***	42.63***		
Kleibergen-Paap rk LM			43.669***	55.387***
Kleibergen-Paap Wald			21.256***	26.868***
样本数	1308438	1299216	1308431	1299209
First-Stage Regression				
Tariff	0.0006***	0.0006***	0.0006***	0.0006***
Tariff×techgap	-0.0010***	-0.0009***	-0.0010***	-0.0009***

注：＊表示10%的显著性水平，＊＊表示5%的显著性水平，＊＊＊表示1%的显著性水平。

（二）基于准自然实验的 DDD 模型估计

尽管前文中，我们采用印度行业关税水平对本章回归估计中潜在的内生性问题进行了修正，但该工具变量的选取也存在一些不足之处。印度关税水平的下降确实有利于外商直接投资向该国流入，但外资来华投资更多的是基于我国自身的一些特征与优势条件，印度行业关税水平的下降可能并不会造成我国外资的大量流失。并且，倘若印度关税水平上升，外商直接投资可能会从印度撤出进而流向东南亚各国，而非流入中国市场。此外，行业关税水平是否与外商直接投资有直接必然的联系，仍有待商榷。鉴于此，我们从另一个角度进一步对潜在的内生性问题进行处理。

本章主要采用行业内实际外资额来衡量行业内的外资进入程度，相较于这一度量指标，行业的外资准入管制政策具有明显的外生性特征，这促使我们采用另一种计量回归方法来考察和处理潜在的内生性问题和样本选择问题。为此，我们从 2002 年外资准入政策着手，参照 Lu 等（2017）的做法，以 2002 年修订的《外商投资产业指导目录》作为外生的政策冲击，采用三重差分法（Difference-in-Difference-in-Difference，DDD），对外资进入通过技术距离渠道对企业研发创新产生的异质性影响再次给予验证。

同前两个章节一致，我们设定了 2002 年外资准入管制政策虚拟变量，设定 131 个受政策鼓励的行业为 1，设定 326 个行业为未发生变化的行业为 0。基于上述界定，三重差分模型具体设定如下：

$$rd_{fit}=\alpha_i+\beta FDI_i\times Post_t\times tech_f+\gamma FDI_i\times Post_t+\varphi Post_t\times tech_f+$$

$$\varphi FDI_i\times tech_f+\theta tech_f+\lambda_t+controls+\varepsilon_{it} \tag{5-4}$$

其中，rd_{fit} 表示企业研发行为决策和研发投入支出；$FDI_i\times Post_t\times tech_f$ 表示核心解释变量，其系数 β 为三重差分估计量，若 β 显著为负，表明外资进入显著提高了更接近前沿技术水平企业的研发创新活动。$FDI_i\times Post_t$ 的系数 γ 也是我们所关心的，其显著为正，表明外资进入显著促进了企业研发创新。式中 α_i 表示行业固定效应，λ_t 表示时间固定效应。

表 5.5 报告了 DDD 模型的估计结果，[①] 结果显示，无论是从企业研发行为方面还是从研发投入方面，外资进入均对其产生了显著的促进作用，并且这一积极的促进作用更多地体现在与技术前沿水平更加接近的企业中。

表 5.5 基于准自然实验的 DDD 回归

	RD_ Dummy		Ln（RD+1）	
	Probit		OLS	
	（1）	（2）	（3）	（4）
FDI×Post×Tech	− 0.0333 ***	− 0.0261 ***	− 0.0615 ***	− 0.0412 ***
	（0.000）	（0.000）	（0.000）	（0.000）

---

① DDD 模型回归中控制了行业、年份固定效应，因此 *FDI* 和 *Post* 的单独项不再加入回归方程。

续表

	RD_Dummy		Ln（RD+1）	
	Probit		OLS	
	（1）	（2）	（3）	（4）
FDI×Post	0.0484***	0.0247**	0.1730***	0.1234***
	（0.000）	（0.045）	（0.000）	（0.000）
FDI×Tech	0.0358***	0.0293***	0.0335***	0.0152***
	（0.000）	（0.000）	（0.000）	（0.000）
Post×Tech	0.0260***	0.0462***	0.0398***	0.0758***
	（0.000）	（0.000）	（0.000）	（0.000）
Tech	−0.0745***	−0.1539***	−0.1169***	−0.2427***
	（0.000）	（0.000）	（0.000）	（0.000）
Age		0.0060***		0.0085***
		（0.000）		（0.000）
LnKL		0.1342***		0.2016***
		（0.000）		（0.000）
EXP		0.1710***		0.2457***
		（0.000）		（0.000）
Profit		0.6246***		1.0288***
		（0.000）		（0.000）
Size		0.2667***		0.4512***
		（0.000）		（0.000）
SOE		0.3402***		0.6262***
		（0.000）		（0.000）
FIE		−0.0502***		−0.1681***
		（0.000）		（0.000）
行业固定效应	YES	YES	YES	YES
年份固定效应	YES	YES	YES	YES
省份固定效应	YES	YES	YES	YES
样本数	1363781	1354794	1363774	1354787
可调整 R^2	0.105	0.173	0.058	0.173

注：①*表示10%的显著性水平，**表示5%的显著性水平，***表示1%的显著性水平；②括号内为回归系数的相伴概率，基于企业层面聚类稳健标准差计算所得；③Probit 模型与 Tobit 模型中汇报的 R^2 是 Pseudo R^2 统计量。

（三）技术距离的再度量

为更好地克服由频繁的企业进入和退出导致的样本选择性偏差问题，在测算企业生产效率时，主要采用的 OP 方法（Olley and Pakes，1996）进行测算。克鲁格曼（1998）指出劳动生产率也是衡量一国生产率水平的重要指标，劳动生产率与全要素生产率之间具有高度的相关性（Fryges and Wagner，2008）。为进一步检验基本研究结论的可靠性，我们采用劳动生产率来度量企业生产效率，并利用该指标来度量技术距离。具体地，借鉴孙浦阳等（2015）的做法，设定国民经济行业 CIC 四分位下所有企业劳动生产率的第95 分位作为行业技术水平前沿，从而对技术距离指标进行了再度量，技术距离再度量的回归估计结果参见表 5.6 第（1）~（4）列。

表 5.6 中第（1）~（4）列的回归结果再次验证了本书结论的稳健性，外资进入的系数均在 1% 的水平下显著为正，表明外资进入显著促进了企业的研发行为与研发支出，同时，外资进入与技术距离的交叉项系数均在 1%的水平下显著为负，表明外资进入更多地促使生产效率高的企业从事以"逃离竞争"为目的的研发创新活动。

基准回归中采用行业内领导企业的全要素生产率（TFP）与跟随企业全要素生产率的比值来构建技术距离指标，进而考察我国外资进入对不同技术距离行业的异质性影响。但基于这一方法构建的技术距离指标也存在以下两种问题：一是采用我国制造业行业内领导企业的生产率水平可能不能够体现世界技术前沿，显然，我国制造业行业与企业在很多领域上，仍发展较为落后，技术水平明显低于世界领先技术。二是本国行业内领导企业的生产率与跟随企业的研发创新二者之间存在着潜在的内生性，忽视这一问题将会造成我们估计结果有所偏差。出于以上考量，我们参照 Aghion 等（2009）、孙浦阳等（2015）的做法，采用美国制造业行业的生产率水平界定行业前沿技术，在结合我国制造业企业全要素生产率的基础上，重新度量了行业内企业间的技术距离，并采用这一指标对本章基准回归结果进行稳健性检验。具体做

表5.6 技术距离的再度量

	定义中国劳动生产率（95分位）为前沿技术水平				定义美国行业劳动生产率为前沿技术水平			
	RD_Dummy Probit		Ln（RD+1） OLS		RD_Dummy Probit		Ln（RD+1） OLS	
	(1)	(2)	(3)	(4)	(5)	(6)	(7)	(8)
$FDI\_Sec \times Tech$	-0.0693***	-0.0442***	-0.1689***	-0.1419***	-0.1394***	-0.0859***	-0.3039***	-0.2214***
	(0.000)	(0.000)	(0.000)	(0.000)	(0.000)	(0.000)	(0.000)	(0.000)
FDI_Sec	0.2480***	0.2050***	0.2974***	0.2505***	0.5682***	0.4045***	0.9774***	0.7272***
	(0.000)	(0.000)	(0.000)	(0.000)	(0.000)	(0.000)	(0.000)	(0.000)
$Tech$	-0.0643***	-0.0829***	-0.0884***	-0.1273***	-0.0488***	-0.0890***	-0.0581***	-0.1318***
	(0.000)	(0.000)	(0.000)	(0.000)	(0.000)	(0.000)	(0.000)	(0.000)
Age		0.0058***		0.0087***		0.0060***		0.0090***
		(0.000)		(0.000)		(0.000)		(0.000)
$LnKL$		0.1006***		0.1468***		0.0926***		0.1354***
		(0.000)		(0.000)		(0.000)		(0.000)
EXP		0.1667***		0.2579***		0.1694***		0.2629***
		(0.000)		(0.000)		(0.000)		(0.000)
$Profit$		0.6141***		1.1111***		0.5470***		1.0106***
		(0.000)		(0.000)		(0.000)		(0.000)

续表

	定义中国劳动生产率（95分位）为前沿技术水平				定义美国行业劳动生产率为前沿技术水平			
	RD_Dummy Probit		Ln（RD+1） OLS		RD_Dummy Probit		Ln（RD+1） OLS	
	(1)	(2)	(3)	(4)	(5)	(6)	(7)	(8)
Size		0.2747***		0.4744***		0.2787***		0.4822***
		(0.000)		(0.000)		(0.000)		(0.000)
SOE		0.3261***		0.6137***		0.3331***		0.6272***
		(0.000)		(0.000)		(0.000)		(0.000)
FIE		−0.0581***		−0.1839***		−0.0587***		−0.1856***
		(0.000)		(0.000)		(0.000)		(0.000)
行业固定效应	YES	YES	YES	YES	YES	YES	YES	YES
年份固定效应	YES	YES	YES	YES	YES	YES	YES	YES
省份固定效应	YES	YES	YES	YES	YES	YES	YES	YES
样本数	1477130	1462644	1477130	1462644	1471375	1457117	1471368	1457110
R^2	0.111	0.178	0.069	0.184	0.111	0.179	0.071	0.188

注：①*表示10%的显著性水平，**表示5%的显著性水平，***表示1%的显著性水平；②括号内为回归系数的相伴概率，基于企业层面聚类稳健标准差计算所得；③Probit模型与Tobit模型中汇报的 R^2 是 Pseudo R^2 统计量。

法如下：首先，本书通过 NBER 数据库获得了美国制造业行业生产率数据，计算出美国制造业各行业的劳动生产率水平（行业增加值与行业就业总人数的比值①）；其次，参照联合国国际标准产业分类体系（ISIC），将美国 SIC 行业分类与中国 CIC 行业分类进行匹配；最后，利用美国制造业行业平均劳动生产率与中国制造业企业的劳动生产率重新构建了行业内企业间的技术距离指标：

$$Techgap_{fit} = \frac{LP_{it}^{US}}{LP_{fit}} \tag{5-5}$$

其中，LP_{it}^{US} 表示美国制造业行业 i 在 t 时期的劳动生产率水平，LP_{fit} 表示中国制造业行业 i 中企业 f 在 t 时期的劳动生产率。该指标越大表明企业与世界技术前沿的差距越大，企业技术水平就越低；反之，则表示企业越接近世界技术前沿，技术水平越高。

表 5.6 中第（5）~第（8）列基于技术距离再度量的稳健性检验再次验证了基本研究结论。结果显示，外资进入的系数均显著为正，且其与技术距离交乘项的系数均在 1% 的水平下显著为负，表明外资进入无论对企业的研发行为还是研发投入方面均有显著的促进作用，并且这一效应随着企业与技术前沿差距的扩大而逐步下降。

（四）企业研发创新的再度量

企业研发创新的度量主要采用《工业库》中企业研发支出额来度量，该指标从企业研发创新的投入角度对企业的研发创新能力进行了度量。此外，大量研究中从企业研发的产出角度，选用新产品产值作为代理指标，来度量企业研发创新（Audretsch and Feldman，1996；毛其淋，2014）。为检验基准研究结论的稳健性，我们进一步选用企业新产品产值作为研发创新的替代指标，对

---

① 美国行业增加值按年均牌价汇率转换算成人民币计价。

计量回归方程式（5-1）、式（5-2）再次进行回归估计。① 表5.7 报告了新产品产值作为被解释变量的回归结果，交乘项的系数仍显著为负，表明代理指标的变换并不会影响我们的回归结果，本章的研究结论是可靠和稳健的。

表5.7 企业研发创新的再度量

	Newproduct_Dummy		Ln（newproduct+1）	
	Probit		OLS	
	（1）	（2）	（3）	（4）
FDI_Sec×Tech	−0.0361**	−0.0422***	−0.1356***	−0.1109***
	（0.015）	（0.008）	（0.000）	（0.000）
FDI_Sec	0.1601***	0.1327***	0.4095***	0.2425***
	（0.000）	（0.004）	（0.000）	（0.001）
Tech	−0.0307***	−0.0810***	−0.0784***	−0.1883***
	（0.000）	（0.000）	（0.000）	（0.000）
Age		0.0064***		0.0113***
		（0.000）		（0.000）
LnKL		0.1131***		0.2232***
		（0.000）		（0.000）
EXP		0.6478***		1.0128***
		（0.000）		（0.000）
Profit		0.4058***		0.8140***
		（0.000）		（0.000）
Size		0.2106***		0.4494***
		（0.000）		（0.000）
SOE		0.3116***		0.7049***
		（0.000）		（0.000）
FIE		−0.2761***		−0.4948***
		（0.000）		（0.000）

---

① 由于《中国工业企业数据库》中 2004 年的新产品产值数据缺失，因此，本部分样本年份为 2001~2003 年和 2005~2007 年。

续表

	Newproduct_ Dummy		Ln（newproduct+1）	
	Probit		OLS	
	（1）	（2）	（3）	（4）
行业固定效应	YES	YES	YES	YES
年份固定效应	YES	YES	YES	YES
省份固定效应	YES	YES	YES	YES
样本数	1207239	1199249	1207239	1199249
R^2	0.091	0.193	0.055	0.144

注：①＊表示10%的显著性水平，＊＊表示5%的显著性水平，＊＊＊表示1%的显著性水平；②括号内为回归系数的相伴概率，基于企业层面聚类稳健标准差计算所得；③Probit模型与Tobit模型中汇报的 R^2 是 Pseudo R^2 统计量。

（五）样本选择问题

前文中，我们分别从企业研发行为决策与研发创新投入两个方面，全面评估了外资进入对企业研发创新的影响是如何随着企业与前沿技术距离间的差距而产生差异的。然而，样本中企业研发支出为0的样本量很大，接近85%，采用普通最小二乘法对此进行回归估计将会引发样本选择偏误。因此，采用了 Heckman 和 Wooldridge（1979）建议的 Heckman 选择模型来处理样本选择偏误问题。第一步，利用 Probit 模型估计企业进行研发投入的概率，由此得出逆米尔斯比率（Inverse Mills Ratio）统计量；第二步，将逆米尔斯比率估计值作为控制变量加入基准回归方程回归，以此来控制企业是否进行研发投入的样本选择偏差。

表5.8报告了 Heckman 两阶段模型的估计结果和 Mills Ratio 统计量。回归估计结果显示，Mills Ratio 统计量均在1%的统计水平上显著拒绝了不存在样本选择问题的原假设，即样本选取存在选择性偏差问题，这也说明我们对回归模型进行 Heckman 两阶段修正是有必要的。此外，我们在表5.8第（3）、（4）列中进一步控制了行业、年份、省份固定效应，外资进入与技术

距离的交叉项在 Heckman 第一阶段和第二阶段回归中均显著为负，这就表明外资进入确实通过技术距离这一机制对企业研发创新决策和研发投入规模产生了异质性影响，并且基准结果不因样本选择问题而产生变化。

表 5.8　样本选择问题与 Heckman 模型估计结果

	（1）	（2）	（3）	（4）
	First	Second	First	Second
FDI_ Sec×Tech	−0. 0703 ***	−0. 1988 ***	−0. 0557 ***	−0. 2179 ***
	（0. 000）	（0. 000）	（0. 000）	（0. 000）
FDI_ Sec	0. 3435 ***	0. 2243 **	0. 2821 ***	0. 4381 ***
	（0. 000）	（0. 024）	（0. 000）	（0. 000）
Tech	−0. 0185 ***	−0. 1432 ***	−0. 0521 ***	−0. 2129 ***
	（0. 000）	（0. 000）	（0. 000）	（0. 000）
Mills Ratio	−1. 5743 ***		−0. 9301 ***	
	（0. 000）		（0. 000）	
控制变量			YES	YES
行业固定效应	YES	YES	YES	YES
年份固定效应	YES	YES	YES	YES
省份固定效应	YES	YES	YES	YES
样本数	976597	976597	967224	967224

　　注：①＊表示10%的显著性水平，＊＊表示5%的显著性水平，＊＊＊表示1%的显著性水平；②括号内为回归系数的相伴概率，基于企业层面聚类稳健标准差计算所得。

第四节　拓展分析

　　正如前文所言，从企业所有制方面来看，国有企业生产效率普遍较低，而民营企业相对高一些。从企业贸易方式来看，由于存在沉没成本，只有高生产率企业从事一般出口贸易，因此，相较于纯内销企业，出口贸易企业的生产效率水平较高（Melitz，2003），并且加工贸易企业原材料与产品"两头在外"的特征使其在生产和销售上又明显区别于一般贸易企业。从区域发展方面来看，东部地区的经济发展和市场化程度要明显高于中西部地区，位于东部地区企业的生产率也通常会比中西部尤其是西部地区更高。鉴于此，遵循前文异质性企业研究思路，从区分企业所有制、贸易方式和所处区域特征方面继续深入考察外资进入、技术距离对我国制造业企业研发创新行为的异质性影响。

一、区分企业所有制

当前，我国正处于市场经济转型时期，不同所有制企业在生产经营方面具有明显差异。与民营企业相比，国有企业由于受到政府庇佑和市场保护，在面临外资进入的市场竞争时，缺乏有效的市场激励，生产效率也整体偏低。基于此，为考察外资进入对不同所有制企业研发创新活动的异质性影响，将样本区分为国有企业和民营企业，分别对计量方程式（5-1）和式（5-2）进行分样本回归估计，估计结果参见表5.9。

表5.9　区分企业所有制的估计结果

	RD_Dummy		Ln（RD+1）	
	Probit		OLS	
Panal A：国有企业				
	（1）	（2）	（3）	（4）
FDI_Sec×Tech	0.0746**	−0.0225	−0.0336	−0.1703**
	(0.043)	(0.783)	(0.397)	(0.011)
FDI_Sec	0.0253	0.4292	0.5651***	1.1647***
	(0.839)	(0.142)	(0.000)	(0.000)
Tech	−0.1213***	−0.2846***	−0.1026***	−0.2102***
	(0.000)	(0.000)	(0.000)	(0.000)
控制变量		YES		YES

续表

	RD_Dummy		Ln（RD+1）	
	Probit		OLS	
固定效应	YES	YES	YES	YES
样本数	114704	114703	112493	112492
Panal B：民营企业				
FDI_Sec×Tech	−0.0668***	−0.1740***	−0.1021***	−0.2105***
	（0.000）	（0.000）	（0.000）	（0.000）
FDI_Sec	0.3576***	0.5188***	0.4710***	0.6130***
	（0.000）	（0.000）	（0.000）	（0.000）
Tech	−0.0355***	−0.0416***	−0.0722***	−0.0940***
	（0.000）	（0.000）	（0.000）	（0.000）
控制变量		YES		YES
固定效应	YES	YES	YES	YES
样本数	780746	780742	777903	777899

注：①＊表示10%的显著性水平，＊＊表示5%的显著性水平，＊＊＊表示1%的显著性水平；②括号内为回归系数的相伴概率，基于企业层面聚类稳健标准差计算所得。

表5.9从企业研发创新决策和研发投入支出两个方面就外资进入、技术距离对企业研发创新进行异质性检验，其中，Panal A汇报了国有企业样本的估计结果，Panal B汇报了民营企业的回归结果中。由估计结果可以看到，外资进入对民营企业研发创新决策与研发投入支出的系数均显著为正，并且外资进入与技术距离交叉项的系数均显著为负，表明外资进入不仅显著提升了民营企业的研发创新能力，而且这一积极作用对于高生产率、更接近国际前沿的民营企业更加明显。从国有企业分样本的回归结果来看，可以发现，外资进入对国有企业研发创新的估计结果并不稳健，表明外资进入对我国制造业企业研发创新能力的积极影响更多地体现在民营企业中。

二、区分企业贸易方式

Melitz（2003）基于开放经济条件构建了一个垄断竞争模型，并将企业生产效率的异质性引入该模型，进而从微观企业层面揭示了企业贸易方式选择：由于出口过程中沉没成本的存在，只有高生产率企业选择从事出口贸易，而生产率较低的企业只能在国内市场上进行销售活动。进一步地，发展加工贸易是我国在改革开放初期，承接产业转接与参与国际分工的重要战略选择。加工贸易企业在原材料与产品上"两头在外"的特征，使其在生产和销售上又明显区别于一般贸易企业。那么，外资进入对企业研发创新行为的影响是否会因企业的不同贸易方式而存在明显差异？基于此，本章从企业贸易方式方面再次分样本进行实证检验，以考察技术距离因素如何影响外资进入对不同贸易方式企业的作用效应。实证回归结果见表5.10。

表5.10 区分企业贸易方式的估计结果

	RD_ Dummy		Ln（RD+1）	
	Probit		OLS	
Panal A：纯内销企业				
	（1）	（2）	（3）	（4）
FDI_ Sec×Tech	−0.0650***	−0.1357***	−0.0406***	−0.0928***
	（0.000）	（0.000）	（0.006）	（0.000）
FDI_ Sec	0.3087***	0.3728***	0.3297***	0.3698***
	（0.000）	（0.000）	（0.000）	（0.000）
Tech	−0.0218***	−0.0320***	−0.0868***	−0.1168***
	（0.000）	（0.000）	（0.000）	（0.000）
控制变量		YES		YES
固定效应	YES	YES	YES	YES
样本数	1025629	1025624	1018038	1018033
Panal B：一般贸易企业				
FDI_ Sec×Tech	−0.1201***	−0.2431***	−0.0580*	−0.1538***
	（0.000）	（0.000）	（0.073）	（0.000）
FDI_ Sec	0.4356***	0.7441***	0.2196**	0.4212***
	（0.000）	（0.000）	（0.023）	（0.000）

续表

	RD_Dummy		Ln（RD+1）	
	Probit		OLS	
Tech	−0. 0208 *	−0. 0053	−0. 0910 ***	−0. 1017 ***
	（0. 098）	（0. 709）	（0. 000）	（0. 000）
控制变量		YES		YES
固定效应	YES	YES	YES	YES
样本数	208221	208219	207353	207351
Panal C：加工贸易企业				
FDI_ Sec×Tech	−0. 1906 ***	−0. 5189 ***	−0. 0705 **	−0. 2035 ***
	（0. 000）	（0. 000）	（0. 012）	（0. 000）
FDI_ Sec	0. 1532 *	0. 3400 *	0. 1868 **	0. 4077 ***
	（0. 059）	（0. 058）	（0. 024）	（0. 006）
Tech	−0. 0150 *	−0. 0879 ***	−0. 0784 ***	−0. 2399 ***
	（0. 096）	（0. 000）	（0. 000）	（0. 000）
控制变量		YES		YES
固定效应	YES	YES	YES	YES
样本数	203191	203191	201816	201816

注：①＊表示10%的显著性水平，＊＊表示5%的显著性水平，＊＊＊表示1%的显著性水平；②括号内为回归系数的相伴概率，基于企业层面聚类稳健标准差计算所得。

表 5.10 中报告了区分企业贸易类型的回归结果，其中，Panal A 汇报了纯内销企业样本的估计结果，Panal B 汇报了一般贸易企业的回归结果，Panal C 汇报了加工贸易企业的回归结果。可以看到，在各个样本中，外资进入的系数均显著为正，表明外资进入均改善了纯内销企业、一般贸易企业和加工贸易企业的研发创新行为，并且外资进入与技术距离交乘项的系数也均显著为负，表明外资进入对于技术水平较高的企业产生了更为积极的促进作用。由此可知，现阶段，切实引进与利用外资，营造良好的市场竞争环境，将有助于激发我国制造业企业的研发创新能力。

三、区分行业技术水平

我们根据 OECD 的行业技术水平分类标准，继续区分行业技术水平对外资进入影响企业研发创新进行异质性检验。表 5.11 中报告了区分行业技术水平的估计结果，其中，Panal A 汇报了处于高技术行业企业样本的估计结果，Panal B 汇报了一般技术行业企业的回归结果，Panal C 汇报了位于低技术行业企业的回归结果。可以看到，外资进入的估计系数在高技术和低技术行业中显著为正，而在一般技术行业中显著为负。从交乘项的估计系数来看，外资进入仅对低技术行业内接近前沿技术的企业研发创新投入产生了积极影响，而对于其他行业内企业及低技术行业内企业研发创新决策的影响并不显著。这一估计结果表明，尽管外资进入对处于高技术行业与低技术行业内的企业研发创新活动产生了积极的促进作用，但从技术距离角度来看，其估计结果是不稳健的，外资进入并未通过技术距离渠道对处于不同技术行业的企业研发创新产生显著性影响。这也意味着既有的外资政策在促进国内企业结构调整方面作用有限，亟须不断优化以更好地发挥外资进入对国内产业结构升级、经济增长的促进作用。

表 5.11　区分行业技术水平的估计结果

	RD_Dummy		Ln（RD+1）	
	Probit		OLS	
Panal A：高技术行业				
	（1）	（2）	（3）	（4）
FDI_Sec×Tech	−0.0974***	0.0129	−0.1423***	−0.0221
	（0.000）	（0.592）	（0.000）	（0.256）
FDI_Sec	0.5382***	0.2744***	0.5017***	0.1989***
	（0.000）	（0.000）	（0.000）	（0.000）
Tech	−0.0251***	−0.0961***	−0.0251***	−0.1098***
	（0.001）	（0.000）	（0.000）	（0.000）

续表

	RD_Dummy		Ln（RD+1）	
	Probit		OLS	
控制变量		YES		YES
固定效应	YES	YES	YES	YES
样本数	546075	543425	546072	543422
Panal B：一般技术行业				
FDI_Sec×Tech	−0.0662*	−0.0324	−0.0265	0.0666
	（0.080）	（0.405）	（0.764）	（0.400）
FDI_Sec	−0.7104***	−0.7205***	−1.9319***	−1.8760***
	（0.000）	（0.000）	（0.000）	（0.000）
Tech	−0.0567***	−0.1267***	−0.2588***	−0.4514***
	（0.008）	（0.000）	（0.000）	（0.000）
控制变量		YES		YES
固定效应	YES	YES	YES	YES
样本数	60082	59015	60082	59015
Panal C：低技术行业				
FDI_Sec×Tech	0.0004	0.0186	−0.0780***	−0.0800***
	（0.983）	（0.294）	（0.001）	（0.000）
FDI_Sec	0.1932***	0.1509***	0.3708***	0.3939***
	（0.000）	（0.004）	（0.000）	（0.000）
Tech	−0.0385***	−0.1105***	−0.0718***	−0.1864***
	（0.000）	（0.000）	（0.000）	（0.000）
控制变量		YES		YES
固定效应	YES	YES	YES	YES
样本数	829812	823709	829808	823705

注：①*表示10%的显著性水平，**表示5%的显著性水平，***表示1%的显著性水平；②括号内为回归系数的相伴概率，基于企业层面聚类稳健标准差计算所得。

四、区分企业所处区域

近年来，国家积极倡导大众创新、万众创业，各地区众创空间不断兴起，形成了政府和社会力量争相创办孵化器、积极投身创新浪潮的新局面。与此同时，承载创新力量的孵化器也逐步向不发达地区辐射，创新成为促进区域发展的新动力。然而，伴随着我国整体经济的快速发展，东部与中西部地区的发展差异也迅速扩大，尤其是东部地区与西部地区的发展差距。那么，现阶段如何通过创新促使中西部地区实现跨越式发展，成为平衡区域间发展差异的重中之重。这也就使本小节有必要从企业所处区域特征角度，探讨不同区域下，外资进入与技术距离对企业研发创新行为的异质性影响。为此，我们将样本区分为东部地区、中部地区和西部地区三个子样本，分别进行回归。具体的估计结果详见表5.12。

表5.12　区分企业所处区域的估计结果

	RD_Dummy		Ln（RD+1）	
	Probit		OLS	
Panal A：东部地区				
	（1）	（2）	（3）	（4）
FDI_Sec×Tech	−0.1098***	−0.2400***	−0.0926***	−0.1945***
	（0.000）	（0.000）	（0.000）	（0.000）
FDI_Sec	0.3323***	0.5487***	0.2581***	0.4112***
	（0.000）	（0.000）	（0.000）	（0.000）
Tech	−0.0305***	−0.0429***	−0.0915***	−0.1409***
	（0.000）	（0.000）	（0.000）	（0.000）
控制变量		YES		YES
固定效应	YES	YES	YES	YES
样本数	1082482	1082480	1075392	1075390
Panal B：中部地区				
FDI_Sec×Tech	0.0071	−0.0485	0.0621*	0.0373
	（0.817）	（0.245）	（0.051）	（0.313）
FDI_Sec	0.3276***	0.3905***	0.2821***	0.2693**
	（0.000）	（0.001）	（0.003）	（0.011）
Tech	−0.0100	−0.0246***	−0.0903***	−0.1520***
	（0.184）	（0.005）	（0.000）	（0.000）

续表

	RD_Dummy		Ln（RD+1）	
	Probit		OLS	
控制变量		YES		YES
固定效应	YES	YES	YES	YES
样本数	223293	223288	222029	222024
Panal C：西部地区				
FDI_Sec×Tech	−0.0008	−0.0551	−0.0579	−0.1017*
	（0.984）	（0.382）	（0.165）	（0.065）
FDI_Sec	0.3819***	0.4238**	0.7064***	0.7513***
	（0.002）	（0.040）	（0.000）	（0.000）
Tech	−0.0304***	−0.0813***	−0.0749***	−0.1700***
	（0.001）	（0.000）	（0.000）	（0.000）
控制变量		YES		YES
固定效应	YES	YES	YES	YES
样本数	131266	131266	129786	129786

注：①*表示10%的显著性水平，**表示5%的显著性水平，***表示1%的显著性水平；②括号内为回归系数的相伴概率，基于企业层面聚类稳健标准差计算所得。

表5.12中，Panal A汇报了东部地区企业样本的估计结果，Panal B汇报了中部地区企业的回归结果，Panal C汇报了西部地区企业的回归结果。可以看到，外资进入的估计系数在各分样本中均显著为正，表明外资进入对企业研发创新的促进作用在东中西部地区均是显著存在的。从交乘项的估计系数来看，外资进入更多地促进了位于东部地区的企业研发创新能力的提升，而对于中部与西部地区企业的积极影响并不明显。可见，在西部地区企业创新能力本就不足的情况下，积极引导外资企业更多地进入中西部地区，优化外资企业在我国各区域间布局，对于增强我国中西部地区竞争力，进而促进企业创新能力提升，以及区域经济协调发展具有重要的现实意义。

本章小结

回顾与梳理既有文献，不难发现，已有研究在考察外商直接投资与我国企业创新能力二者之间关系时，大多是将各行业内企业同等对待，忽视了技术距离即企业与前沿技术水平间的技术差异在企业研发创新活动中的关键作用。显然，高生产率企业与低生产率企业在应对外部竞争是会作出不同的反应，也就是说，在面临着外部竞争冲击时，企业与世界前沿技术水平间的差距，决定了企业是否会通过采取积极的行动来"逃离竞争"。鉴于此，本章从技术距离视角，运用 2001~2007 年中国工业企业微观数据，分别从企业研发行为决策和研发投入支出两个维度，全面系统地考察了外资进入对我国制造业企业创新能力的异质性影响。

研究结果表明，整体而言，外资的大规模进入带来的市场竞争显著激发了我国制造业企业的研发创新活动；从技术距离视角来看，外资进入对我国企业研发创新的积极效应取决于企业同世界前沿技术水平间的差距，对于与行业前沿技术水平更加接近的企业表现出积极、显著的促进作用，而对于技术距离相对较远的企业则表现为显著的负面影响。总的来说，外资进入带来的竞争显著促进了我国企业的研发创新，但这一促进作用更多地被与行业技术前沿水平更为接近的企业所获取。进一步地，区分企业所有制、贸易方式和区域差异的拓展分析发现：外资进入显著促进了与行业前沿技术水平更接近的民营企业的研发创新能力，但对于国有企业的异质性影响并不明显；外资进入并未因企业贸易方式的不同而产生差异化影响，并且外资进入同样对技术水平较高的企业产生了更为积极的促进作用；区分企业所处区域特征的分析，发现外资进入更多地促进了东部地区企业研发创新能力的提升，而对于中部与西部地区企业的作用并不明显。

本章从技术距离角度出发，为外商直接投资如何影响我国企业研发创新能力提供了一个新的经验证据，这一研究结论对我国现阶段实施创新驱动发展战略具有一定的政策启示。

（1）提高我国企业的研发创新能力，关键是建立以公平竞争为主的市场环境，保障市场"看不见的手"这一机制的充分发挥。这就要求我国继续深入推进市场化改革，从而促进市场竞争程度的提升，营造良好的市场竞争环境，激发企业的创新活力。

（2）在外资开放的进程中，应注重从企业自身效率出发，逐步缩小本国企业与国际前沿技术水平的差距，不断提升本国企业竞争力，从而在更大程度上发挥外资进入在激发企业创新与促进经济发展中的积极效应。

（3）应继续完善外资准入管制政策，从外资管理体制着手，进一步突出《外商投资产业指导目录》在引进外资中的导向性作用，完善外资准入负面清单，进而通过引导高水平、高质量外资流入来强化外商直接投资对我国企业发展与技术水平提升上的贡献度。

第六章

研究结论、对策建议与展望

外商直接投资作为中国经济发展的外源性动力,为中国经济长达 40 多年的高速增长奇迹贡献了重要力量,也深刻影响和改变着中国经济发展方式。本书拓展了既有研究范畴,分别从企业间资源配置效率、企业利润率和研发创新能力三个角度,基于严格的计量分析,全面系统地探讨外资进入的市场效应。作为结语部分,本章就研究的结论与可能的政策含义进行总结,并对文章不足之处与未来研究的可能方向给予评述。

第一节　　主要结论与对策建议

外商直接投资对东道国经济的影响,是理论界和学术界一直追踪的热点问题。本书结合中国经济发展现状与实际,从外资进入的国内市场导向视角,全面评估了外资进入的市场效应,重点剖析了外资进入对企业间资源配置效率和企业内经营绩效的作用与微观影响机理。本节在对研究结论归纳总结的基础上,结合前文理论,系统地对积极发挥外商直接投资带来的正向市场效应给出相应的对策建议。

一、研究结论

本书从国内市场导向视角,通过系统评估外资进入的市场效应,对中国制造业企业绩效的影响及作用机制进行了实证分析。研究结论如下:

(1) 关于外资进入与资源配置效率。

第一,外商直接投资的大规模进入,其带来的市场竞争非但不能改善企业间的资源错配程度，反而扩大了行业内的生产率分布，恶化了企业间资源配置效率。通过虚设外资进入年份和进入行业、测算指标的再检验以及排除"出口中学习"效应和剔除外资企业的再检验，进一步验证了这一研究结论，表明外资进入带来的市场竞争确实明显加剧了企业间的资源错配程度。

第二，基于生产率分布的分位点回归、国企生产效率、国企市场份额和上游垄断方面的实证检验表明，外资进入恶化企业间资源配置效率的主要原因在于，众多低效率的国有企业，不仅自身存在较为严重的效率损失，而且凭借行政保护在生产要素配置与市场结构方面，同其他所有制企业存在明显的非对称竞争，扭曲了外资进入带来的市场竞争机制，从而加剧了企业间的资源错配程度。

（2）关于外资进入与企业利润率。

第一，文章将双重差分思想嵌入工具变量回归方法中，在有效控制内生性问题的基础上，得出了更为客观的研究结论。研究表明，大规模外资进入并未恶化我国内资企业利润率，反而促进了我国内资企业利润率的提升。这里值得注意的是，在选取 2002 年外资准入管制政策作为工具变量后，我们发现采用传统 OLS 方法明显低估了外资进入对内资企业利润率的积极影响。进一步地，通过安慰剂检验、测算指标与控制"关联效应"的再检验等稳健性检验，佐证了研究结论的稳健性。

第二，拓展研究与分析发现，外资进入通过扩大企业的市场规模、降低企业内部管理费用、促进劳动和资本生产率以及市场势力的提升对内资企业利润率产生了显著的正向影响。这些渠道体现出了外资进入带来的技术转移、示范效应和劳动力培训效应。此外，基于企业、行业和地区层面的异质性分析表明，外资进入对内资企业利润率的积极作用主要体现在民营企业、内销企业、一般贸易企业和中等技术行业的企业中，并对增加西部地区企业利润率的作用更大。

（3）关于外资进入与企业研发创新。

第一，该部分从市场效应中"逃离竞争"方面，对外资进入与企业研发创新的关系予以考察。研究发现，一方面，大规模外资进入带来的市场竞争在整体上促进了我国企业的研发创新活动；另一方面，外资进入对企业研发创新的促进效应依赖于企业与前沿技术水平的差距，对于与行业前沿技术水平更接近的企业表现为显著的积极效应，而对于技术距离较远的企业表现出显著的负面效应。整体来看，外资进入带来的竞争显著促进了我国企业的研发创新，但这一促进作用更多地被与技术前沿接近的企业所获取。

第二，在采用印度行业关税作为工具变量，控制可能存在的内生性问题之后，技术距离这一影响机制的作用更加明显。同时，控制样本选择问题后的研究结果表明，外资进入确实通过技术距离对企业研发行为以及研发投入产生了显著的积极作用。此外，我们再次基于企业和地区层面的异质性展开拓展分析，发现外资进入、技术距离对我国制造业企业研发创新能力的积极影响更多地体现在民营企业中和位于东部地区的企业中，并且对于不同贸易方式的企业均产生了显著的积极影响。

二、对策建议

本书的研究具有深刻意义，具体如下：

（一）继续完善外资管制政策，以期实现外资精准导向

（1）由上文研究结论可知，外商直接投资在促进行业竞争、提升企业绩效方面发挥着显著积极的作用，因此，继续拓宽我国对外开放领域，加大引进外资力度，放宽外资准入限制，进而促进外商投资的稳定增长仍是我国对外开放实践的重要内容。与此同时，应积极促使外资由数量扩张向质量优化转变，坚持引资、引技和引智并举，注重外资质量的提升，从而推动新一轮高水平的对外开放。

（2）继续完善外资准入管制政策，具体地，应从外资管理体制着手，进

一步完善《外商投资产业指导目录》，突出《外商投资产业指导目录》在引进外资中的导向性作用，缩减外资限制领域，全面放宽或取消外资股比限制，简化投资审批和外资企业的设立程序，积极推进外商投资项目的"简放服"改革，加快推进投资便利化，进而通过引导高水平、高质量外资流入来强化外商直接投资对我国企业发展与技术水平提升上的贡献度。

（3）应全面落实市场准入的负面清单制度，通过与国际通行的经贸规则接轨，推动形成全面开放的新格局。目前我国对外资的进入实行的仍是行政审批制度，这使外资企业常常在审批中陷入僵局，降低了外资来华效率。因此，完善与健全外资准入的负面清单管理模式，积极将自贸区试行的外商投资负面清单模式面向全国推广，并加快配套制度的制定，才能更高效地提升外资引进效率，进而发挥外商直接投资在促进行业竞争、激发企业活力中的重要作用。

（二）统筹优化外资的区域布局，实现区域间协调发展

（1）中西部地区一直是我国引进外商直接投资的薄弱区域。受限于基础设施条件、制度基础和较为落后的营商环境等，中西部地区外资企业投资力度远小于东部沿海地区。因此，应着重处理与解决中西部地区在引进与利用外资上的瓶颈，放宽外商直接投在中西部尤其是西部地区的市场准入，积极研究与探寻高端制造业在较落后地区的外资准入限制，从而更具针对性地促进中西部地区引进与利用外资。

（2）继续加大中西部地区的引资力度，鼓励外商在东西部地区进行投资，进而优化外商直接投资的区域布局，增强中西部尤其是西部地区的竞争力，实现区域间协调发展。具体地，立足区域优势，依托"一带一路"建设的带动作用，将确实可以发挥地区优势但不属于《外商投资产业指导目录》允许与鼓励类的外商投资项目列入《中西部地区外商投资优势产业目录》，扩大中西部鼓励外商投资产业范围，支持中西部地区承接外商投资产业转移，进而"因地制宜"地利用外资，促进我国区域间经济协调发展。

（3）中西部地区应结合地区特征与优势，深入践行创新发展理念，推动地区经济发展。各地区应积极响应大众创新、万众创业，制定相关人才引进政策，尽快推动形成政府和社会力量投身创新创业浪潮的新局面。与此同时，优化地区营商环境，破除不合理的制度壁垒，积极承接产业转移与发达地区创新成果外溢，逐步使创新成为促进区域发展的新动力，进而通过创新促使中西部地区实现跨越式发展，平衡区域间发展差异。

（三）注重企业生产效率提升，强化本国企业竞争力

高质量外资的进入是我国制造业整体效率增长的重要渠道。外资企业的生产效率总体高于本土企业，其技术水平和资源配置效率也要高于我国制造业行业平均水平，因此，外资的引进与利用关键是让其释放积极的外溢效应，以提升我国本土企业的生产效率。然而，我国企业自身效率的提升也至关重要，高效率企业更易吸收和利用外部的先进技术和积极溢出。因此，在外资自由化进程中，应通过制定合理的产业政策，加速提升企业自身效率水平，不断缩小本土企业与世界前沿技术水平的差距，提升本国企业国际竞争力，从而在更大程度上发挥外资进入在增强企业盈利能力、激发企业研发创新与促进经济发展中的积极效应。

第二节　研究不足之处与展望

本书基于中观和微观两个层次，从企业间资源配置效率与企业内经营绩效两个方面，具体到企业盈利水平与研发创新能力两种绩效，较为全面、系统地评估了国内精准导向政策下，外资进入影响企业间资源配置效率与企业内经营绩效的微观机理及其背后的作用机制。然而，无论是外商直接投资本身，还是企业绩效，都是较为纷繁复杂的问题，并且，二者之间的联系牵扯

着很多因素，涉及经济活动的方方面面，相互之间的影响也是一个持续变化的动态过程。因此，对于这一问题的研究，还存在一定程度的不足，以及有待进一步深入挖掘和完善的领域。

一、存在问题与不足

本书一定程度上丰富了中国关于外商直接投资理论的经验研究，更为重要的是，为事后评价中国快速的外资自由化进程及其对中国经济的微观影响机理，提供了一个客观有益的佐证。当然，研究仍存在一些有待完善和不足之处，我们逐一予以指出，以便进行更加深入的探讨。

第一，本书主要是通过梳理和归纳已有文献和理论，提出我们的研究假说，然而，这种文献归纳与总结的方法在一定程度上缺乏科学性与严谨性，从这个角度来看，本书的理论分析略显薄弱，仅是一个粗略的框架，缺乏严谨的理论模型构建与数理推导过程。因此，如何将本书的理论假说模型化，并将识别的机制渠道嵌入理论模型中，仍有待于进一步的探讨。

第二，从历年《外商投资产业指导目录》的不断修订可以看出，我国外资准入导向政策的调整是一个循序渐进的过程，因此，在我们样本期间内，外资管制政策的变化与调整（如 2004 年《指导目录》的调整）同样会对企业绩效产生作用，进而影响基本研究结论。此外，这一时期也是中国贸易自由化不断深入时期，尽管实证分析中，对贸易自由化（加入 WTO）予以控制，但非关税贸易壁垒因素，诸如配额、许可证等，也会对我们的研究结论造成干扰。所以，如何有效规避与剔除其他因素对研究的干扰，从而得出更为准确的研究结论，仍需继续深入探讨。

第三，受限于数据的可获得性，本书仅基于 1998~2007 年 10 年数据，考察了外资进入的市场效应。尽管 1998~2007 年的情况同样具有重要的研究价值，但 2007 年至今已 10 余年之久，中国经济运行特征发生了很多重大变化，这就使本书的研究意义与政策含义大打折扣。因此，进一步挖掘现有数据，细致对比分析国家经济形势与企业发展现状，进而得出更为客观的研究结论，有待今后拓展研究。

第四，实证分析中，我们首先对外资进入与企业间资源配置效率进行考察，指出外资进入恶化制造业企业间资源错配程度的机制途径，从而反映出大规模外资进入引致的福利水平变动。然而，外资进入究竟导致了多大程度的资源配置效率损失，造成了多大程度的福利水平损失，仍有待于我们进一步的考察。此外，限于篇幅，本书在既有研究的基础上，仅考察了外资进入对企业间资源配置效率、企业利润率与研发创新能力的影响，未能囊括更多的企业绩效信息。值得注意的是，市场效应的范围是很广泛的，外资进入同样会对企业的进入与退出行为产生影响，进而反过来作用于行业内竞争，并且在企业绩效中，关于对外贸易的部分尚未探讨。因此，研究视角和研究维度有待进一步拓宽。

二、研究展望

虽然本书试图对外资进入的市场效应予以全面系统的探究，但这一问题的研究工作依然任重而道远，尚有许多有待完善和进一步深入考察的地方，这里我们择其要者简要概述如下：

首先，梳理现有 FDI 理论可知，外商直接投资的市场效应包含着许多方面的内容：从效应本身来讲，涵盖了水平溢出效应（竞争效应、示范效应和培训效应等）和垂直溢出效应（关联效应），进一步引发促进行业竞争与招致垄断的讨论；从对影响维度来看，总体上包括对产业和对企业两个层面的影响。可见，外资带来的市场效应体现在多个方面，对外资进入市场效应的系统评估和其作用机制分析是一个错综复杂的过程，如何准确辨别外资进入的各种效应，并采用更为细致的方法识别出市场效应的各个渠道，有待进一步的深入讨论，以期更加明确和具体地诠释外资进入对东道国经济的影响机制与渠道。

其次，自中国市场化改革以来，中国制造行业的一个突出特征就是大规模的企业进入行为与退出行为。从理论上来看，企业自身技术进步、企业间资源配置效率的改进和企业进入与退出的动态过程都是一国总体生产效率水平提升的原因。大规模外资进入势必会加剧行业市场竞争程度，促使高效率企业进入市场，并迫使低效率企业退出生产经营活动，实现企业间更替，而企业间这一进入与退出的动态过程，同样会提高整体经济效率。因此，对于外资进入如何影响企业间进入与退出行为，进而影响我国整体效率水平的提升，是一个值得深入研究的领域。

最后，长期以来，我国奉行的出口导向型对外贸易发展方式，促使我国出口贸易呈现出高投入高增长的特点，但这种出口势头的高涨和经济绩效的实现却是以牺牲贸易品质为代价的。既有研究表明，在短时期内，发展中国家较难通过自身的资本与要素积累来实现产品质量与技术的提升，其在一定程度上需要借助于外部的技术来源。然而，限于篇幅，本书对企业自身绩效的考察，仅是基于企业利润率和研发创新能力两个方面，忽视了对企业出口绩效的研究。因此，未来也许可以考虑从出口贸易角度研究中国外资自由化对制造业企业出口绩效的影响，这样更有助于全面认识外资进入的市场效应，进而在综合考虑不同因素的基础上，提出更具针对性的外资政策设计。

附录 A

本书中，我们主要选用全要素生产率（*TFP*）作为企业生产效率的测度，其反映了生产过程中各种投入要素的平均产出水平，即各种投入转化成产出的水平，体现了企业整体的生产效率。鉴于样本期间内存在企业较为频繁的进入与退出现象，我们主要使用 Olley 和 Pakes（1992）半参数方法测算的全要素生产率（OP 方法）作为基准指标，度量企业生产效率，并在部分章节中使用 Levinsohn 和 Petrin（2003）方法（LP 方法）进行稳健性检验。附表 1 给出了原始样本下，这两种方法测算下全要素生产率指标的比较。

附表 1　全要素生产效率测算的比较

	均值	标准差	偏度	峰度	样本量
OP_TFP	2.671	1.016	−0.379	5.108	200123
LP_TFP	5.642	1.059	−0.251	4.520	200123

资料来源：笔者基于 1998~2007 年《工业企业数据库》测算所得。

进一步地，我们刻画了样本期间内 OP 方法与 LP 方法全要素生产率的核密度图，详见附图 1。可以看到，整体而言，使用 LP 方法测算的全要素生产率，其均值明显大于 OP 方法测算的全要素生产率。

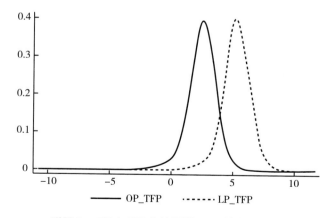

附图 1　OP 与 LP 方法测算 TFP 的整体分布

附录 B

我国政府在 2002 年对《指导目录》的大幅调整并不是完全随机决定的，而是依据宏观调控目标以及行业发展情况来决定外资进入的行业管制，这就使本书的处理组与对照组可能存在一定程度的样本选择偏差。Lu 等（2017）研究指出，我国政府 2002 年对《指导目录》的调整，一个重要目的就是促进产业升级与企业出口，与此同时，政府也会出于保护、扶植弱小产业发展的角度来制定具有引导性的外资政策。进一步而言，经济政策的变动势必会影响到劳动力市场的就业与工资水平，因此，政府在外资政策调整时会综合劳动力市场因素进行考虑。此外，企业利润率水平与外资准入政策之间可能存在的逆向因果关系也会导致本书估计结果的稳健性。

　　鉴于此，本书借鉴 Lu 等（2017）的做法，选取可能影响 2002 年外资准入政策调整的行业特征变量，具体包括如下变量：新产品产值（Npr：行业内新产品产值与总销售额比值）、出口密集度（Gex：行业内出口额与总销售额比值）、企业数目（$Lnfnumber$：行业内企业数目的对数值）、平均年龄（$Avage$：行业内企业的平均年龄）、平均就业人数（$Lnem$：行业内平均就业人数的对数值）和平均工资（$Lnwage$：行业内平均工资的对数值）。同 Lu 等（2017）的做法相一致，我们将这些行业特征变量设定在样本初始年份（1998 年），并将其与政策调整虚拟变量进行 Probit 模型回归，回归结果见附表 2 第（1）列。可以看到，行业新产品产值、出口密集度、平均就业人数、平均年龄对 2002 年外资准入政策的调整具有显著影响。

　　此外，为考察企业利润率与外资准入政策间可能存在的逆向因果关系，在第（2）列中，我们加入行业平均利润率（$Avprofit$：行业内总利润占总销售额比重的对数值）予以分析。研究发现，行业平均利润率的系数并不显著，表明外资准入政策的调整并不会受到利润率的反向影响，且行业新产品

产值、出口密集度、平均就业人数、平均年龄仍显著影响了2002年外资准入
政策的调整（见附表2）。

附表 2　行业特征变量的估计结果

	（1）	（2）
	Probit	Probit
	2002 年外资政策虚拟变量	2002 年外资政策虚拟变量
Npr	5.0224***	5.2495***
	（0.000）	（0.000）
Gex	−0.9663**	−1.0092***
	（0.011）	（0.008）
Lnfnumber	0.0859	0.0896
	（0.172）	（0.157）
Avage	−0.0543***	−0.0567***
	（0.000）	（0.000）
Lnem	0.3324**	0.2878**
	（0.010）	（0.039）
Lnwage	−0.0048	0.0531
	（0.986）	（0.851）
Avprofit		−2.1805
		（0.362）
样本数	405	405
Pseudo R^2	0.124	0.125

　　注：＊＊＊、＊＊、＊分别表示1%、5%、10%的统计显著性水平，括号内为异方差聚类调整（行业层面）回归系数的相伴概率。

附录 C

在本书样本考察期间，我国政府也于 2004 年对《外商投资产业指导目录》进行了小幅调整来应对国内外经济发展形势的变化。但正如 Lu 等（2017）研究指出，在制造业行业中，2004 年的《外商投资产业指导目录》调整仅是基于 2002 年版本的微调，以期进一步鼓励外商投资我国的高新技术产业、装备制造业、新材料制造等行业。为此，我们通过对比 2002 年和 2004 年的《外商投资产业指导目录》，对 Lu 等（2017）的研究主张进行了验证，发现 2004 年的《外商投资产业指导目录》仅在鼓励与允许外商投资产业目录中，有 15 条目录发生了轻微变化，而限制与禁止外商投资产业目录中并未发生任何变化。因此，相比于 2002 年的《外商投资产业指导目录》，2004 年的《外商投资产业指导目录》只是在原有的产业目录内进行了微调，理应不会对本文的估计结果产生较大偏误。附表 3 详细列示了 2004 年与 2002 年的《外商投资产业指导目录》的差异比较与描述。

附表 3　2004 年与 2002 年《外商投资产业指导目录》的差异比较与描述

行业代码	行业（四分位）	2002 年类别	2004 年外商投资产业目录中发生变化的条目	2004 年类别		
				鼓励	限制	混合
2520	炼焦	处理组	捣固焦、干熄焦生产		是	
2614	有机化学原料制造	对照组	苯、甲苯、二甲苯、乙二醇等基本有机化工原料及其衍生物生产	是		
2829	其他合成纤维制造	处理组	差别化化学纤维及芳纶、年产 5000 吨及以上功能化环保型氨纶、碳纤维、高强高模聚乙烯等高新技术化纤生产		是	
			日产 500 吨及以上非纤维用聚酯生产，纤维及非纤维用新型聚酯（聚对苯二甲酸丙二醇酯、聚萘二酸乙二醇酯、聚对苯二甲酸丁二醇酯等）生产		是	

续表

行业代码	行业（四分位）	2002年类别	2004年外商投资产业目录中发生变化的条目	2004年类别		
				鼓励	限制	混合
3230	钢压延加工	混合行业	宽厚板生产		是	
			镀锌及耐高腐蚀性铝锌合金板、涂层板生产		是	
			废钢加工		是	
3316	铝冶炼	处理组	年产30万吨及以上氧化铝生产		是	
3731	摩托车整车制造	处理组	摩托车整车制造		是	
3512	内燃机及配件制造	处理组	摩托车发动机制造		是	
3725	汽车零部件及配件制造	处理组	汽车关键零部件制造：盘式制动器总成、自动变速箱、发动机进气增压器、发动机排放控制装置、电动助力转向系统、粘性联轴器（四轮驱动用）、充气减震器、空气悬架、液压挺杆			是
			汽车电子装置制造（含发动机控制系统、底盘控制系统、车身电子控制系统）			是
3732	摩托车零部件及配件制造	对照组	摩托车关键零部件制造：化油器、磁电机、起动电机、盘式制动器		是	
3911	发电机及发电机组制造	处理组	火电设备：30万千瓦大型循环流化床（CFB）锅炉（限于合资、合作）	是		
4043	电子计算机外部设备制造	受限制行业	只读类光盘复制和可录类光盘生产	是		

资料来源：笔者整理所得。

参考文献

［1］包群，叶宁华，王艳灵．外资竞争、产业关联与中国本土企业的市场存活［J］．经济研究，2015，50（7）：102-115.

［2］才国伟，钱金保，鲁晓东．外资竞争、行政效率与民营经济发展［J］．世界经济，2012，35（7）：123-141.

［3］陈福中，罗科，董康银．外资嵌入国内大循环与制造业价值链功能升级［J］．数量经济技术经济研究，2024，41（10）：46-68.

［4］陈继勇，盛杨怿．外商直接投资的知识溢出与中国区域经济增长［J］．经济研究，2008，43（12）：39-49.

［5］陈强远，钱则一，陈羽，等．FDI对东道国企业的生存促进效应——兼议产业安全与外资市场准入［J］．中国工业经济，2021（7）：137-155.

［6］陈勇兵，胡佳雯，杜雨蕊，等．外资进入促进了就业净增长——来自中国外资准入限制放宽的证据［J］．经济学（季刊），2024，24（3）：793-809.

［7］陈甫军，杨振．制造业外资进入与市场势力波动：竞争还是垄断［J］．中国工业经济，2012（10）：52-64.

［8］陈永伟，胡伟民．价格扭曲、要素错配和效率损失：理论和应用［J］．经济学（季刊），2011，10（4）：1401-1422.

［9］陈艳莹，吴龙．新企业进入对制造业在位企业利润率的影响——基于逃离竞争效应及其异质性的视角［J］．中国工业经济，2015（8）：50-65.

［10］陈钊，张卓韧．稳外资：内部市场条件、对外开放政策及两者的互补性［J］．财贸经济，2023，44（1）：134-153.

［11］邓子梁，陈岩．外商直接投资对国有企业生存的影响：基于企业

异质性的研究［J］. 世界经济，2013（12）：53-69.

　　［12］杜威剑，李梦洁. 外资进入、外资并购与企业的研发创新——基于微观层面的实证研究［J］. 世界经济研究，2016（6）：105-113.

　　［13］范承泽，胡一帆，郑红亮. FDI 对国内企业技术创新影响的理论与实证研究［J］. 经济研究，2008（1）：89-102.

　　［14］冯根福，毛毅. 外资进入对中国工业行业价格变动的影响机理及其效应［J］. 中国工业经济，2015（12）：36-50.

　　［15］谷克鉴. 中国利用外资实践的功能评价与战略选择——基于经济与管理学视角的实证描述［J］. 财贸经济，2005（3）：63-70+97.

　　［16］顾永红，胡汉辉. 外商直接投资激励对产业升级影响的分析［J］. 世界经济研究，2007（10）：59-63+88.

　　［17］郭克莎. 外商直接投资对我国产业结构的影响研究［J］. 管理世界，2000（2）：34-45.

　　［18］韩剑，王静. 中国本土企业为何舍近求远：基于金融信贷约束的解释［J］. 世界经济，2012（1）：98-113.

　　［19］江小涓. 中国的外资经济对增长、结构升级和竞争力的贡献［J］. 中国社会科学，2002（6）：4-14.

　　［20］蒋殿春，夏良科. 外商直接投资对中国高技术产业技术创新作用的经验分析［J］. 世界经济，2005（8）：3-10.

　　［21］蒋为. 增值税扭曲、生产率分布与资源误置［J］. 世界经济，2016，39（5）：54-77.

　　［22］克鲁格曼，奥伯斯法尔德. 国际经济学［M］. 北京：中国人民大学出版社，1998.

　　［23］赖明勇，包群，彭水军，等. 外商直接投资与技术外溢：基于吸收能力的研究［J］. 经济研究，2005（8）：95-105.

　　［24］李磊，王小洁，蒋殿春. 外资进入对中国服务业性别就业及工资

差距的影响 [J]. 世界经济, 2015 (10): 169-192.

[25] 李磊, 王小霞, 蒋殿春, 等. 中国最低工资上升是否导致了外资撤离 [J]. 世界经济, 2019, 42 (8): 97-120.

[26] 李晓钟, 张小蒂. 外商直接投资对我国技术创新能力影响及地区差异分析 [J]. 中国工业经济, 2008 (9): 77-87.

[27] 李志远, 余淼杰. 生产率、信贷约束与企业出口: 基于中国企业层面的分析 [J]. 经济研究, 2013 (6): 85-99.

[28] 刘灿雷, 康茂楠, 邱立成. 外资进入与内资企业利润率: 来自中国制造业企业的证据 [J]. 世界经济, 2018, 41 (11): 98-120.

[29] 刘瑞明, 石磊. 国有企业的双重效率损失与经济增长 [J]. 经济研究, 2010 (1): 127-137.

[30] 刘瑞明, 石磊. 上游垄断、非对称竞争与社会福利——兼论大中型国有企业利润的性质 [J]. 经济研究, 2011 (12): 86-96.

[31] 刘伟全, 张宏. FDI 行业间技术溢出效应的实证研究——基于全球价值链的视角 [J]. 世界经济研究, 2008 (10): 56-64.

[32] 刘小鲁. 地方政府主导型消耗战与制度性退出壁垒 [J]. 世界经济, 2005 (9): 33-41.

[33] 路江涌. 外商直接投资对内资企业效率的影响和渠道 [J]. 经济研究, 2008 (6): 95-106.

[34] 罗伟, 葛顺奇. 跨国公司进入与中国的自主研发: 来自制造业企业的证据 [J]. 世界经济, 2015 (12): 29-53.

[35] 毛其淋, 方森辉. 外资进入自由化如何影响中国制造业生产率 [J]. 世界经济, 2020, 43 (1): 143-169.

[36] 毛其淋, 王凯璇. 互联网发展如何优化企业资源配置——基于企业库存调整的视角 [J]. 中国工业经济, 2023 (8): 137-154.

[37] 毛其淋, 许家云. 中国企业对外直接投资是否促进了企业创新

[J]. 世界经济，2014（8）：98-125.

[38] 聂辉华，贾瑞雪. 中国制造业企业生产率与资源误置[J]. 世界经济，2011（7）：27-42.

[39] 潘文卿. 外商投资对中国工业部门的外溢效应：基于面板数据的分析[J]. 世界经济，2003（6）：3-7.

[40] 亓朋，许和连，艾洪山. 外商直接投资企业对内资企业的溢出效应：对中国制造业企业的实证研究[J]. 管理世界，2008（4）：58-68.

[41] 邱立成，康茂楠，刘灿雷. 外资进入、技术距离与企业研发创新[J]. 国际贸易问题，2017（9）：142-148+152-153.

[42] 邱立成，刘灿雷. 外资企业、任务变迁与内资企业全要素生产率——基于价值链上下游关系的考察[J]. 世界经济研究，2016（3）：12-24+35+134.

[43] 覃毅，张世贤. FDI对中国工业企业效率影响的路径——基于中国工业分行业的实证研究[J]. 中国工业经济，2011（11）：68-78.

[44] 邵敏，包群. 外资进入是否加剧中国国内工资扭曲：以国有工业企业为例[J]. 世界经济，2012（10）：3-24.

[45] 沈坤荣，耿强. 外国直接投资、技术外溢与内生经济增长——中国数据的计量检验与实证分析[J]. 中国社会科学，2001（5）：82-93+206.

[46] 沈坤荣，孙文杰. 市场竞争、技术溢出与内资企业R&D效率——基于行业层面的实证研究[J]. 管理世界，2009（1）：38-48+187-188.

[47] 盛丹，刘灿雷. 外部监管能够改善国企经营绩效与改制成效吗？[J]. 经济研究，2016（10）：97-111.

[48] 宋赛虎，李娜. 外资准入政策放松与制造业企业创新：以"负面清单"制度为例[J]. 南方经济，2024（2）：40-61.

[49] 苏振东，洪玉娟. 中国出口企业是否存在"利润率溢价"？——基于随机占优和广义倾向指数匹配方法的经验研究[J]. 管理世界，2013（5）：

12-34+46.

[50] 孙浦阳，蒋为，陈惟. 外资自由化、技术距离与中国企业出口——基于上下游产业关联视角 [J]. 管理世界，2015（11）：32-48.

[51] 孙浦阳，蒋为，张龑. 产品替代性与生产率分布——基于中国制造业企业数据的实证 [J]. 经济研究，2013（4）：30-42.

[52] 孙元元，张建清. 中国制造业省际间资源配置效率演化：二元边际的视角 [J]. 经济研究，2015（10）：89-103.

[53] 汤二子，孙振. 中国制造业企业利润决定机制研究——基于异质性生产率的视角 [J]. 财贸研究，2012（1）：122-129.

[54] 田巍，余淼杰. 企业生产率和企业"走出去"对外直接投资：基于企业层面数据的实证研究 [J]. 经济学（季刊），2012，11（2）：383-408.

[55] 王红领，李稻葵，冯俊新. FDI 与自主研发：基于行业数据的经验研究 [J]. 经济研究，2006（2）：44-56.

[56] 王小鲁，樊纲. 中国经济增长的可持续性 [M]. 北京：经济科学出版社，2000.

[57] 王雄元，黄玉菁. 外商直接投资与上市公司职工劳动收入份额：趁火打劫抑或锦上添花 [J]. 中国工业经济，2017（4）：135-154.

[58] 王永进，刘灿雷. 国有企业上游垄断阻碍了中国的经济增长？——基于制造业数据的微观考察 [J]. 管理世界，2016（6）：10-21.

[59] 王永进，施炳展. 上游垄断与中国企业产品质量升级 [J]. 经济研究，2014（4）：116-129.

[60] 王志鹏，李子奈. 外资对中国工业企业生产效率的影响研究 [J]. 管理世界，2003（4）：17-25.

[61] 吴万宗，徐娟. 中国工业出口强度与工资残差不平等——基于中国综合社会调查数据的分析 [J]. 财贸经济，2017，38（5）：112-128.

［62］吴延兵. 中国哪种所有制类型企业最具创新性［J］. 世界经济，2012（6）：3-27.

［63］冼国明，严兵. FDI 对中国创新能力的溢出效应［J］. 世界经济，2005（10）：18-25+80.

［64］小岛清. 对外贸易论（中译本）［M］. 天津：南开大学出版社，1987.

［65］邢斐，张建华. 外商技术转移对我国自主研发的影响［J］. 经济研究，2009（6）：94-104.

［66］许建伟，郭其友. 外商直接投资的经济增长、就业与工资的交互效应——基于省级面板数据的实证研究［J］. 经济学家，2016（6）：15-23.

［67］严兵，程敏. 外商撤资、产业关联与企业出口质量［J］. 中国工业经济，2022（6）：79-97.

［68］杨丹辉. 跨国公司进入对中国市场结构变动的影响［J］. 经济理论与经济管理，2004（3）：11-17.

［69］杨振. 外资进入的市场效应与管制政策研究［M］. 北京：中国社会科学出版社，2015.

［70］杨振，陈甬军. 外资进入的市场效应研究进展［J］. 经济学动态，2014（11）：142-151.

［71］姚树洁，冯根福，韦开蕾. 外商直接投资和经济增长的关系研究［J］. 经济研究，2006（12）：35-46.

［72］尹志锋，叶静怡，黄阳华，等. 知识产权保护与企业创新：传导机制及其检验［J］. 世界经济，2013（12）：111-129.

［73］余淼杰. 加工贸易、企业生产率和关税减免——来自中国产品面的证据［J］. 经济学（季刊），2011（10）：1251-1280.

［74］袁诚，陆挺. 外商直接投资与管理知识溢出效应：来自中国民营企业家的证据［J］. 经济研究，2005（3）：69-79.

［75］张海洋．中国工业部门 R&D 吸收能力与外资技术扩散［J］．管理世界，2005（6）：82-88.

［76］张杰，李勇，刘志彪．出口促进中国企业生产率提高吗？——来自中国本土制造业企业的经验证据：1999-2003［J］．管理世界，2009（12）：11-26.

［77］张杰，芦哲，郑文平，等．融资约束、融资渠道与企业 R&D 投入［J］．世界经济，2012（10）：66-90.

［78］张杰，郑文平，翟福昕．竞争如何影响创新：中国情景的新检验［J］．中国工业经济，2014（11）：56-68.

［79］钟昌标，黄远浙，刘伟．外资进入速度、企业异质性和企业生产率［J］．世界经济，2015，38（7）：53-72.

［80］钟宁桦，刘志阔，何嘉鑫，等．我国企业债务的结构性问题［J］．经济研究，2016（7）：102-117.

［81］周云波，陈岑，田柳．外商直接投资对东道国企业间工资差距的影响［J］．经济研究，2015，50（12）：128-142.

［82］诸竹君，黄先海，王毅，2020．外资进入与中国式创新双低困境破解［J］．经济研究，55（5）：99-115.

［83］Acemoglu D，Aghion P，Zilibotti F. Distance to Frontier，Selection，and Economic Growth［J］. Journal of the European Economic Association，2006，4（1）：37-74.

［84］Aghion P，Bloom N，Blundell R，Griffith R，Howitt P. Competition and Innovation：An Inverted-U Relationship［J］. Quarterly Journal of Economics，2005，120（2）：701-728.

［85］Aghion P，Blundell R，Griffith R，et al. The Effects of Entry on Incumbent Innovation and Productivity［J］. The Review of Economics and Statistics，2009，91（1）：20-32.

[86] Aghion P, Howitt P. A Model of Growth through Creative Destruction [J]. Econometrica, 1992, 60 (2): 323-351.

[87] Aitken B J, Harrison A E. Do Domestic firms Benefit from Direct Foreign Investment? Evidence from Venezuela [J]. American Economic Review, 1999, 89 (3): 605-618.

[88] Alfaro L, Chanda A, Kalemli – Ozcan S, et al. FDI and Economic Growth: the Role of Local Financial Markets [J]. Journal of International Economics, 2002, 64 (1): 89-112.

[89] Alfaro L, Charlton A, Kanczuk F. Plant Size Distribution and Cross Country Income Differences [R]. NBER Working Paper, 2008, No. 14060.

[90] Amiti M, Davis D R. Trade, Firms and Wages: Theory and Evidence [J]. Review of Economic Studies, 2011, 79: 1-36.

[91] Antràs P, Chor D, Fally T, et al. Measuring the Upstreamness of Production and Trade Flows [J]. American Economic Review Paper and Proceedings, 2012, 102: 412-416.

[92] Arnold J M, Javorcik B S. Gifted Kids or Pushy Parents? Foreign Direct Investment and Plant Productivity in Indonesia [J]. Journal of International Economics, 2009, 79 (1): 42-53.

[93] Badinger H. Has the EU's Single Market Programme Fostered Competition? Testing for a Decrease in Markup Ratios in EU Industries [J]. Oxford Bulletin of Economics & Statistics, 2007, 69 (4): 497-519.

[94] Baghdasaryan D, Cour L F L, Schneider C. Which Companies Benefit from Liberalization? a Study of the Influence of Initial Productivity [J]. Journal of Industry Competition & Trade, 2016, 16 (1): 101-125.

[95] Balasubramanyam V N, Salisu M, Sapsford D. Foreign Direct Investment and Growth in EP and IS Countries [R]. Working Papers, 1996, 106

(434): 92-105.

[96] Baltabaev B. Foreign Direct Investment and Total Factor Productivity Growth: New Macro-Evidence [J]. World Economy, 2014, 37 (2): 311-334.

[97] Banerjee A V, Duflo E. Growth Theory through the Lens of Development Economics [J]. Handbook of Economic Growth, 2005, 1 (5): 473-552.

[98] Banerjee A V, Moll B. Why Does Misallocation Persist? [J]. American Economic Journal Macroeconomics, 2010, 2 (1): 189-206.

[99] Baron M, Kenny D. The Moderator-Mediator Variable Distinction in Social Psychological Research: Conceptual, Strategic and Statistical Consideration [J]. Journal of Personality and Social Psychology, 1986, 51 (6): 1173-1182.

[100] Bas M, Causa O. Trade and Product Market Policies in Upstream Sectors and Productivity in Downstream Sectors: Firm – level Evidence from China [J]. Journal of Comparative Economics, 2013, 41 (3): 843-862.

[101] Bernard A B, Eaton J, Jensen J B, et al. Plants and Productivity in International Trade [J]. American Economic Review, 2003, 93 (4): 1268-1290.

[102] Bertrand M, Duflo E, Mullainathan S. How Much Should We Trust Differences-in-Differen- ces Estimates? [J]. The Quarterly Journal of Economics, 2004, 119 (1): 249-275.

[103] Blomström M. Multinationals and Market Structure in Mexico [J]. World Development, 1986, 14 (4): 523-530.

[104] Blomström M, Ari Kokko. Multinational Corporations and Spillovers [J]. Journal of Economic Surveys, 1998, 12 (3): 247-277.

[105] Bourlès R, Cette G, Lopez J, et al. Do Product Market Regulations in Upstream Sectors Curb Productivity Growth? Panel Data Evidence for OECD Countries [J]. The Review of Economics and Statistics, 2010, 95 (5): 1750-1768.

［106］Brandt L, Van J B, Zhang Y. Creative Accounting or Creative Destruction? Firm-level Productivity Growth in Chinese Manufacturing ［J］. Journal of Development Economic, 2012, 97: 339-351.

［107］Buckley P J, Casson M. The Future of Multinational Enterprise ［M］. London, Micmillan, 1976.

［108］Buckley P J, Wang C, Clegg J. The Impact of Foreign Ownership, Local Ownership and Industry Characteristics on Spillover Benefits from Foreign Direct Investment in China ［J］. International Business Review, 2007, 16（2）: 142-158.

［109］Cantwell J A, Tolentino P E E, Technological Accumulation and Third World Multinationals ［M］. University of Reading, Department of Economics, 1990.

［110］Cai H, Liu Q, Xiao G. Does Competition Encourage Unethical Behavior? The Case of Corporate Profit Hiding in China ［J］. Economic Journal, 2009, 119: 764-795.

［111］Cai X, Wu M, Yu L. Does Environmental Regulation Drive away Inbound Foreign Direct Investment? Evidence from a Quasi-Natural Experiment in China ［J］. Journal of Development Economics, 2016, 123: 73-85.

［112］Caselli F. Accounting for Cross-country Income Differences ［J］. Lse Research Online Documents on Economics, 2004, 1（5）: 679-741.

［113］Caves R E. International Corporations: The Industrial Economics of Foreign Investment ［J］. Economica, 1971, 38（149）: 1-27.

［114］Caves R E, Multinational Firms, Competition and Productivity in Host-country Markets ［J］. Economica, 1974: 176-193.

［115］Coe D T, Helpman E. International R&D spillovers ［J］. European Economic Review, 2004, 39（5）: 859-887.

[116] Czarnitzki D, Binz H L. R&D Investment and Financing Constraints of Small and Medium Sized Firms [R]. Centre for European Economic Research Discussion Paper, 2008, No. 08047.

[117] De Loecker J. Do Exports Generate Higher Productivity? Evidence from Slovenia [J]. Journal of International Economics, 2007, 73 (1): 69-98.

[118] De Loecker J, Warzynski F. Markups and Firm-Level Export Status [J]. American Economic Review, 2012, 102: 2437-2471.

[119] Driffield N, Munday M. The Impact of Foreign Direct Investment on UK Manufacturing: Is There a Profit Squeeze in Domestic Firms? [J]. Applied Economics, 1998, 30 (5): 705-709.

[120] Du L, Harrison A E, Jefferson G H. Do Institutions Matter for FDI Spillovers? The Implications of China's [J]. Social Science Electronic Publishing, 2011: 1-66.

[121] Dunning J H. Trade, Location of Economic Activity and the MNE: A Search for an Eclectic Approach [M]. The International Allocation of Economic Activity, Palgrave Macmillan UK, 1977: 203-205.

[122] Dunning J H, Rugman A M. The Influence of Hymer's Dissertation on the Theory of Foreign Direct Investment [J]. American Economic Review, 1985, 75 (2): 228-232.

[123] Eaton J, Kortum S. Trade in Ideas Patenting and Productivity in the OECD [J]. Journal of International Economics, 1996, 40 (3-4): 251-278.

[124] Feenstra R C, Li Z, Yu M. Export and Credit Constraints under Incomplete Information: Theory and Empirical Investigation from China [J]. Review of Economics and Statistics, 2014, 96: 729-744.

[125] Feenstra R C, Weinstein D E. Globalization, Markups and the U. S. Price Level [R]. NBER Working Papers, 2010, No. 15749.

[126] Feldman M P, Audretsch D B. Innovation in Cities: Science-based Diversity, Specialization and Localized Competition [J]. European Economic Review, 1998, 43 (2): 409-429.

[127] Fosfuri A, Motta M, Rønde T. Foreign Direct Investment and Spillovers Through Workers' Mobility [J]. Journal of International Economics, 2001, 53 (1): 205-222.

[128] Fryges H, Wagner J. Exports and Productivity Growth: First Evidence from a Continuous Treatment Approach [J]. Review of World Economics, 2008, 144 (4): 695-722.

[129] Gentzkow M. Television and Voter Turnout [J]. Quarterly Journal of Economics, 2006, 121 (3): 931-972.

[130] Giddy I H, Young S. Conventional Theory and Unconventional Multinationals: Do New Forms of Multinational Enterprise Require New Theories [M] // Rugman A M. ed., New Theory of Multinational Enterprise, Groom Helm. 1982.

[131] Görg H, David G. Much Ado about Nothing? Do Domestic Firms Really Benefit from Foreign Direct Investment? [J]. World Bank Research Observer, 2004, 19 (2): 171-197.

[132] Hale G, Long C. Are There Productivity Spillovers From Foreign Direct Investment in China [J]. Pacific Economic Review, 2011, 16 (2): 135-153.

[133] Haskel J E, Pereira S C, Slaughter M J. Does Inward Foreign Direct Investment Boost the Productivity of Domestic Firms? [J]. Review of Economics and Statistics, 2007, 89 (3): 482-496.

[134] Heckman J J. Sample Selection Bias as a Specification Error [J]. Econometrica, 1979, 47 (1): 153-161.

[135] Herzer D. How Does Foreign Direct Investment Really Affect Developing

Countries' Growth? [J]. Review of International Economics, 2012, 20 (2): 396-414.

[136] Helpman E, Melitz M, Yeaple S R. Export vs. FDI [J]. American Economic Review, 2004, 94: 300-316.

[137] Hsieh C, Klenow P J. Misallocation and Manufacturing TFP in China and India [J]. Quarterly Journal of Economics, 2009, 124: 1403-1448.

[138] Hsieh, C. and Z. Song, 2015, "Grasp the Large, Let Go of the Small", Brookings Papers in Economic Activity, 295-366.

[139] Hu A G Z, Jefferson G H, Qian J. R&D and Technology Transfer: Firm-Level Evidence from Chinese Industry [J]. Review of Economics and Statistics, 2003, 87 (4): 780-786.

[140] Hymer S H. The International Operations of National Firms: a Study of Direct Foreign Investment [M]. MIT Press, 1976.

[141] Javorcik B S. Does Foreign Direct Investment Increase the Productivity of Domestic Firms? In Search of Spillovers Through Backward Linkages [J]. American Economic Review, 2004, 94 (3): 605-627.

[142] Johnson H G. The Efficiency and Welfare Implications of the International Corporation [M]//C. P. Kindleberger. The International Corporation, Cambridge: MIT Press, 1970.

[143] Jones C I. Misallocation, Economic Growth, and Input-Output Economics [J]. Nber Working Papers, 2011.

[144] Ju J, Yu X. Productivity, Profitability, Production and Export Structures along the Value Chain in China [J]. Journal of Comparative Economics, 2015, 43 (1): 33-54.

[145] Keller W, Yeaple S R. Multinational Enterprises, International Trade, and Productivity Growth: Firm-level Evidence from the United States

[J]. Review of Economics and Statistics, 2009, 91 (4): 821-831.

[146] Kleibergen F, Paap R. Generalized Reduced Rank Tests using the Singular Value Decomposition [J]. Journal of Econometrics, 2006, 133 (1): 97-126.

[147] Knickerbocker F T. Oligopolistic Reaction and Multinational Enterprise [J]. Thunderbird International Business Review, 1973, 15 (2): 7-9.

[148] Kobrin S J, Buckley P J, Casson M. The Future of Multinational Enterprise [J]. Journal of Marketing, 1976, 41 (4): 137.

[149] Konings J. The Effects of Foreign Direct Investment on Domestic Firms: Evidence from Firm-level Panel Data in Emerging Economies [J]. Economics of Transition, 2001, 9 (3): 619-633.

[150] Lall S. The Rise of Multinationals from the Third World [J]. Third World Quarterly, 1983, 5 (3): 618-626.

[151] Levinsohn J A, Petrin A. Estimating Production Functions Using Inputs to Control for Unobservables [J]. Review of Economic Studies, 2003, 70: 317-342.

[152] Lileeva A. The Benefits to Domestically-Owned Plants from Inward Direct Investment: The Role of Vertical Linkages [J]. Canadian Journal of Economics, 2010, 43 (2): 574-603.

[153] Lin P, Liu Z, Zhang Y. Do Chinese Domestic Firms Benefit from FDI Inflow? Evidence of Horizontal and Vertical Spillovers [J]. China Economic Review, 2009, 20 (4): 677-691.

[154] Liu Z Q. Foreign Direct Investment and Technology Spillovers: Theory and Evidence [J]. Journal of Development Economics, 2006: 176-193.

[155] Lu Y. and Yu L. Trade Liberalization and Markup Dispersion: Evidence from China's WTO Accession [J]. American Economic Journal: Applied E-

conomics, 2015, 7: 221-253.

[156] Lu Y, Tao Z, Zhu L. Identifying FDI Spillovers [J]. Journal of International Economics [J]. 2017, 107: 75-90.

[157] Lucas R E. On the Mechanism of Economic Development [J]. Journal of Monetary Economics, 1988, 22: 3-42.

[158] Melitz M J, Ottaviano G I P. Market Size, Trade, and Productivity [J]. The Review of Economic Studies, 2008, 75 (3): 295-316.

[159] Meyer K E. Perspectives on Multinational Enterprises in Emerging Economies [J]. Journal of International Business Studies, 2004, 35 (4): 259-276.

[160] Mukherjee A, Suetrong K. Privatization, Strategic Foreign Direct Investment and Host Country Welfare [J]. European Economic Review, 2009, 53 (7): 775-785.

[161] Olley G S, Pakes A. The Dynamics of Productivity in the Telecommunications Equipment Industry [J]. Econometrica, 1992, 64 (6): 1263-1297.

[162] Porter M E. Competitive Strategy: Techniques for Analyzing Industries and Competitors [M]. The Free Press, New York, 1980.

[163] Porter M E. Competition Advantage: Creating and Sustaining Superior Performance [M]. The Free Press, New York, 1985.

[164] Reis A B. On the Welfare Effects of Foreign Investment [J]. Journal of International Economics, 2001, 54 (2): 411-427.

[165] Romer P M. Increasing Returns and Long-Run Growth [J]. Journal of Political Economy, 1986, 94 (5): 1002-1037.

[166] Romer P M. Growth Based on Increasing Returns Due to Specialization [J]. American Economic Review, 1987, 77 (2): 56-62.

[167] Rugman A M. Inside the Multinationals: The Economics of Internal Markets [M]. London: Croom Helm, 1981.

[168] Sanna-Randaccio F, Veugelers R. Multinational Knowledge Spillovers with Decentralised R&D: A Game-Theoretic Approach [J]. Journal of International Business Studies, 2007, 38 (1): 47-63.

[169] Sauner-Leroy J B. The Impact of the Implementation of the Single Market Programme on Productive Efficiency and on Markups in the European Union Manufacturing Industry [J]. European Economy Economic Papers, 2003: 1-39.

[170] Schumpeter J. Capitalism, Socialism and Democracy [M]. New York: Harper Press, 1950.

[171] Sembenelli A, Siotis G. Foreign Direct Investment and Markup Dynamics: Evidence from Spanish Firms [J]. Social Science Electronic Publishing, 2008, 76 (1): 107-115.

[172] Singh J. Inward Investment and Market Structure in an Open Developing Economy: A Case of India's Manufacturing Sector [J]. Philosophical Transactions (1683-1775), 2011, 58: 253-260.

[173] Spencer J W. The Impact of Multinational Enterprise Strategy on Indigenous Enterprises: Horizontal Spillovers and Crowding out in Developing Countries [J]. Academy of Management Review, 2008, 33 (2): 341-361.

[174] Suyanto, Salim R A. Sources of Productivity Gains from FDI in Indonesia: Is It Efficiency Improvement or Technological Progress? [J]. Developing Economies, 2010, 48 (4): 450-472.

[175] Syverson C. Product Substitutability and Productivity Dispersion [J]. Review of Economics & Statistics, 2004, 86 (2): 534-550.

[176] Syverson C. What Determines Productivity? [J]. Journal of Economic Literature, 2010, 49 (2): 326-365.

[177] Topalova P. Factor Immobility and Regional Impacts of Trade Liberalization: Evidence on Poverty from India [J]. American Economic Journal: Ap-

plied Economics, 2010, 2 (4): 1-41.

[178] Van Biesebroeck J. Exporting Raises Productivity in Sub-Saharan African Manufacturing Firms [J]. Journal of International Economics, 2005, 67 (2): 373-391.

[179] Vernon R. International Investment and International Trade in the Product Cycle [J]. International Economics Policies & Their Theoretical Foundations, 1966, 8 (4): 307-324.

[180] Wang Y. Exposure to FDI and New Plant Survival? Evidence in Canada [J]. Canadian Journal of Economics, 2013, 46 (1): 46-77.

[181] Wells L T. Third World Multinationals: The Rise of Foreign Direct Investment from Developing Countries [M]. Cambridge: The MIT Press, 1983.